아들아,
너는 인생을 이렇게 살아라

일, 관계, 사랑, 돈, 배움
수많은 고민에 답이 될 삶의 지혜

아들아,
너는 인생을 이렇게 살아라

필립 체스터필드 지음 | 유태진 옮김

2장 — 태도에 관하여

3장 — 관계에 관하여

4장 ── 스스로의 가치에 관하여

5장 — 그리고 삶에 관하여

삶은 아무것도 채우지 않으면
저절로 채워지지 않는다.

1장

기본에 관하여

앞으로 1년 동안 무엇을 이룰 것인가?

"시간이 점점 쏜살같이 지나가는 것 같아요. 아직 아무것도 이룬 것이 없는데, 앞으로 어떻게 살아야 하죠?"

어느 날 네가 내게 이렇게 물은 적이 있었지. 그래, 네 말처럼 시간은 정말 쏜살같이 흘러간단다. 나 또한 학창 시절을 보낼 적에는, 커다란 시험을 앞두고 지루한 과정을 견뎌야 할 때는 시간이 빨리 흘러가기만을 바라곤 했었다. 하지만 사회에 첫발을 내딛은 그 순간부터 시간은 붙잡을 겨를도 없이 빠르게 흘러가더구나. 거기에 우왕좌왕하거나 휩쓸리지 않으려면 자신만의 속도를 설정해야 한단다. 어떻게 너만의 속도를 설정할 수 있는지, 그게 앞으로 네 인생을 어떻게 바꿔놓을지에 관해 이야기를 해보려고 한단다.

먼저 시간에 대한 생각부터 다시 짚어보자. 지금부터 하는 이야기를 다른 무엇보다 마음 깊이 새긴다면 인생에 큰 도움이 되어줄 거라 확신한다. 시간이 얼마나 가치 있는 것인지, 시간을 어떻게 사용해야 하는지에 관한 이야기다.

누구나 쉽게 '시간은 소중하다'고 말하지만, 주변을 살펴보면 실제로 시간을 소중한 보물 다루듯 사용하는 사람은 그리 많지 않더구나. 가치 없는 일에 가볍게 시간을 낭비해버리는 사람들조차도 '시간은 더없이 소중하다', '시간은 눈 깜짝할 사이에 지나가버린다'는 등 말하곤 한단. 어떤 말이든 입에 담기는 쉬워도 실제로 그에 걸맞은 행동을 하기란 어렵다.

시간을 낭비하지 않고
제대로 사용하는 것이 얼마나 중요한 일이며,
한 번 가버린 시간은 다시 돌아오지 않는다는
사실을 잘 알면서도,
자신의 시간을 낭비하지 않는 사람이 없다.

유럽 여행에 갔을 때 광장 곳곳에 있던 해시계에 이런 문구가 새겨져 있더구나. 그래, 정말 시간의 중요성에 대해서는 말하고 또 말해도 아깝지 않단다. 너 또한 시간의 중요성을 네 인생의 지도 곳곳에 새기고, 어떻게 잘 사용할 수 있을지를 고민해보렴. 시간의 소중함을 아느냐 모르느냐에 따라 그 사람의 인생은 하늘과 땅만큼 달라진단다. 그러니 시간에 대해 올바른 생각을 갖고, 태도를 실천한다는 것은 인생에서 그 무엇보다 중요한 일이지.

어떻게 하면 시간을 잘 사용하는 것인지, 시간을 잘 사용하지 못하는 것인지 시시콜콜 모든 상황을 들어 다 따져볼 순 없지만, 네가 앞으로 살아갈 기나긴 일생 중 어느 한 시기, 앞으로 1년 동안 시간을 어떻게 사용하면 좋을지에 대해 말해주고 싶구나.

시간의 참된 가치를 알아야 한다.
그것을 붙잡아라.
억류하라.
그리고 그 순간순간을 즐겨라.

게을리하지 말며, 해이해지지 말며,
우물거려서는 안 된다.
오늘 할 수 있는 일을
내일까지 미루어서는 안 된다.

- 필립 체스터필드

지식의 쓰임새

사회에 첫발을 내딛기 전까지는 우선 지식의 기반을 다지는 일에 힘쓰는 것이 좋다. 그것이 네가 뜻하는 대로 인생을 살아가는데 큰 도움이 될 테니 말이지. 다양한 배움을 통해 얻은 지식은네 나이에는 인생의 자양분으로, 내 나이쯤 되어서는 삶의 휴식처이자 피난처가 된단다. 나는 생을 마감하는 날까지 항상 책을가까이하며 살아가려고 한다.

생각해보면 지금 내가 온전히 독서의 즐거움에 빠질 수 있는것도, 네 나이 때 확고하게 지식의 기반을 다지겠다, 마음먹고공부했기 때문인 듯싶다. 그 기반이 이제는 지식을 통해 삶의 평온함을 얻을 수 있도록 나를 돕고 있다. 만약 젊었을 때 지식과담을 쌓고 살았다면 지금도 지식을 통해 아무것도 얻을 수 없었겠지.

그렇다고 해서 그 외의 시간이 무조건 헛되다는 뜻은 아니야. 예를 들어 휴식을 하거나 노는 것도 삶에서 굉장히 중요한 부분이다. 모든 사람의 욕구이며, 삶의 의욕을 북돋아주기도 하니까 말이다. 나도 네 나이 때는 마음껏 놀았다. 만약 그 시기에 전혀 놀지 않았다면 논다는 것을 잘못 판단하게 됐을지도 모를 일이야. 원래 사람들은 자기가 경험해보지 않은 일에 유난히 더 흥미를 갖게 되잖니? 다행히도 나는 네 나이 때 마음껏 놀았기 때문에 어떤 것인지 잘 알고 있으며 후회하지도 않는다. 실제로 해보지 않고서는 그 일을 잘 모르는 탓에 '나도 한번 해보고 싶다' 고 생각하지만, 실제로 경험해본 뒤에는 그 일에 대해 미련이나 아쉬움이 남지 않거든.

나는 일하는 것에도, 노는 것에도 열심이었다. 이 균형을 유지하는 일이 언제나 중요하거든. 그런데 내가 후회하는 일이 딱 한 가지가 있다. 그것은 바로 젊은 시절, 미래에 대해 진지하게 생각하지 않고 시간을 나태하게 흘려보낸 것이다. 열심히 일한 것도, 즐겁게 논 것도 모두 좋은 경험이 되었지만 미래에 대한 뚜렷한 계획이나 생각 없이 몇 년을 지낸 것은 정말 아쉬움으로 남는다. 네 인생에서 앞으로의 몇 년은 정말 중요하다. 이 시간을 가치 있게 보낸다면 남은 수십 년은 전혀 다른 삶이 될 거야.

이 시기에 미래에 대해 고민해보지 않고 그럭저럭 닥치는 일에 시간을 허비하며 보낸다면, 정말 하고 싶은 일에 필요한 지식을 쌓지도 못하고, 너만의 기준으로 살아가지도 못하겠지. 반면, 어떤 미래를 살고 싶은지 진지하게 생각하고 그 꿈을 위해 이 시기를 알차고 값지게 보낸다면, 분명 네가 그리는 모습에 성큼 다가가 있을 것이다.

먼저 학문의 기반을 다져놓으렴. 일단 기반을 마련해두면 언제든지 원할 때 원하는 만큼의 지식을 쌓을 수 있거든. 스스로 생각하는 습관, 사물을 바라보는 눈, 사건을 해석하는 시각, 판별하고 비판할 수 있는 능력 등이 생기도록 학문의 기초를 다져야 해.

지금처럼 배우기 좋은 젊은 시절에 이러한 기초를 닦지 못하면, 정작 지식을 써야 할 시기에 쓸 수 없게 돼. 지식을 쌓는 자신만의 방법도 습득하지 못한 채 학문의 기초부터 쌓으려고 아등바등하게 될 거야. 다른 것에 매진해야 할 시기에 여기에 시간을

쓰는 셈이지. 이를테면 글자를 읽지 못하니 책을 통해 아무런 지식을 얻을 수 없는 것과 같단다. 물리학에 대한 지식을 쌓고 싶다면 기본적으로 글자도 읽을 수 있어야 하며, 수학에 대한 지식, 과학 전반에 대한 이해도 있어야 한다. 다시 말해, 지식의 기반이 필요하다는 거야. 이제 학문의 기초를 다진다는 것이 얼마나 중요한지 이해할 수 있겠지?

네가 일단 사회에 발을 디딘 후에는 책을 많이 읽으라고 말하지 않을 것이다. 현실적으로 사회인에게는 그럴 만한 시간적 여유가 없거든. 설령 시간이 있다고 해도 지금처럼 지식을 쌓는 데 많은 시간을 쓸 수 없을 거다. 그러니 네 인생에서 가장 좋은 면학의 시기는 바로 지금이다. 지금처럼 아무런 방해도 없이 마음껏 지식을 축적할 수 있는 시기가 또 오지는 않거든.

물론 좀 더 나이가 든 후에도 배움의 시기를 갖는 사람들이 있다. 그러나 뒤늦게 배우려면 가정을 부양할 책임, 사회적 위치, 나이에 관한 부담 등 여러 가지 신경 써야 할 일이 훨씬 많아진다. 그래서 지금이 적기라는 말이야.

때로는 다 뒤로 미루고 밖에 나가 놀고 싶겠지. 그럴 때는 이렇게 생각해라. '그래, 어차피 인생에서 한 번은 통과해야 할 일이다. 젊어서 통과하느냐, 좀 더 나이 들어서 통과하느냐의 문제일 뿐이야. 지금 견뎌내는 만큼 인생의 목표에도 그만큼 빨리 도달할 수 있다.'

이 배움의 시기에서 빨리 자유로워지느냐, 그렇지 못하느냐는 네가 어떻게 시간을 활용하는가에 달려 있다.

젊은 시절에 배움의 기회를 놓친 사람들이 지금의 네 나이 또래로 얼마나 돌아가고 싶어 하는지 기억하렴. 배우는 과정이 힘들어 얼른 통과해버리고 싶더라도 반드시 거쳐야 할 과정으로 받아들였으면 좋겠다.

**하루에 더 많은 시간을 걸을수록,
더 빨리 네가 원하는 목적지에 도달하게 될 것이다.**

그런 의미에서 너에게 제안하고 싶구나. 네가 사회에 나가기까지 필요한 준비를 하는 데 최선을 다한다면, 나는 네가 꿈을 이루기까지 최선을 다해 함께 하며 도움을 주면 어떨까? 네 꿈이 무엇이든, 네 바람이 무엇이든 좋다. 정치가든, 학자든, 작가든, 예술가든 그 목적지를 향해 달리기 위해 지금 네게 필요한 것은 걷는 방법을 배우는 것이다. 그 기반이 바로 지식이다. 그 기초를 닦는 데 최선을 다해보자.

아무것도 채우지 않으면 저절로 채워지지 않는다

젊을 때는 무리하게 운동하지 않아도 충분히 건강을 유지할 수 있다. 잠시 취미로 머리를 쉬게 하거나 운동을 하는 것만으로도 금방 활력을 되찾을 수 있지. 그러나 두뇌는 그렇지가 않아. 두뇌는 네가 아무것도 채우지 않으면 저절로 채워지지 않는다. 그래서 명석하고 건강한 두뇌를 유지하기 위해서는 훈련이 필요하단다.

훈련된 두뇌와 훈련되지 않은 두뇌를 비교해보면 그 차이가 엄청나. 그래서 사람들이 두뇌를 훈련하기 위해 수없이 많은 시간과 노력을 들이는 거란다. 물론 별다른 훈련 없이도 천부적인 재능을 빛내는 사람이 간혹 있기는 하지만, 어디까지나 특별한 경우잖아. 좀처럼 일어나지 않는 일을 바라고 있을 수도 없는 노룻이잖니? 만일 그러한 천부적인 재능에 훈련까지 보탠다면 금상첨화겠지. 그러나 한 가지 명심할 건, 전자도 후자도 늦기 전에 지식을 쌓고 두뇌를 훈련해놓아야 한다는 거야. 다시 말해, 지금 이 시간을 어떻게 활용하느냐가 핵심이고, 그것이 장래의 네 몸과 마음에 큰 영향을 미친다는 사실을 기억해야 해. 한번 너 자신을 냉정하게 돌아보렴. 너에게는 아직 특별한 지위나 큰 재산이 있지는 않아. 나 역시도 평생 네 곁에 머물지는 못할 테니 준비를 해두어야겠지. 너는 앞으로 무엇에 의지하고, 무엇에 기대겠니?

**네가 의지하고,
네가 기댈 것은,**

너 자신의 능력이다.

살다 보면 이렇게 말하는 사람들이 많더구나. "난 원래 뛰어난 사람인데 사회에서 인정을 받지 못했어요." "저 사람에게 밀리지만 않았어도 나도 뛰어난 사람이 되었을 텐데." "상황이 너무 안 좋았어요. 다른 집에서 태어났다면 내 상황도 달라졌을 거예요." 글쎄다, 내가 살면서 겪어본 바는 이렇다. 자기 향상을 위해 부단히 노력하는 사람은 어떠한 역경이 닥치더라도 반드시 성공의 열매를 거두게 되더구나.

너를 빛나게 할 세 가지

내가 생각하는 '특출한 사람'이란 지식과 식견 그리고 매너가 훌륭한 사람을 의미한다. 앞에서도 말했지만, 가장 먼저 지식을 충분히 몸에 익혀두어야 한다. 또한 식견 역시 정말 중요한 것이지. 아무리 지식을 쌓았다고 한들 사리를 분별할 수 있는 식견이 없다면 지식을 허투루 쌓은 것이다.

식견이 없는 사람은 다른 사람이 하는 말에 속거나 잘못된 일에 휩쓸리기 쉽다. 아주 똑똑해 보이던 사람도 식견이 없으면 초라하게 허물어지고 말아. 결국 남의 말이나 좇는 허무한 인생을 살게 된단다.

매너는 네 입장에서 보면 앞서 제시한 요소들 가운데 가장 사소한 것처럼 보일지도 모르겠구나. 그렇지만 특출한 사람이 되기 위해서는 빼놓을 수 없는 요소다. 그 사람의 매너에 따라

지식이나 식견이 더 빛나기도 하고 흐려지기도 하니까. 그리고
사람의 마음을 사로잡는 순간도 어쩌면 지식이나 식견보다 매너
가 발휘됐을 때가 더 많은 것 같다. 사람들은 상대방을 배려하고
존중해주는 매너를 가진 사람에게 호감을 느낀다. 매너가 좋은
사람 주변에는 사람들이 모여들지.

　지식은 배움과 관련이 있다. 그리고 식견은 그 배움을 활용
하는 지혜와 관련이 있다. 마지막으로 매너는 관계와 관련된 문
제다. 다른 사람들과 맺는 관계는 네 삶에 아주 큰 영향을 미친
다. 이 세 가지를 기억하고 살아간다면 네 인생에 큰 도움이 되
리라는 걸 믿어 의심치 않는다. 이 다음으로 내가 이야기해주고
싶은 것들에도 진지하게 귀를 기울여봐라. 그것들은 내가 지금

까지 살아오면서 오랜 경험 끝에 얻어낸 소중한 지혜의 산물이다. 무엇보다도 너를 향한 내 사랑의 표현이기도 하단다. 내가 네가 아닌 누구에게 이런 이야기를 할 수 있을까 싶구나. 그만큼 너의 행복을 바라는 마음으로, 너의 성공을 위하는 마음으로 적은 것들이니 잘 새겨두길 바란다.

행복하게 지내는 사람은 대개 노력가다.
게으름뱅이가 행복하게 지내는 것을 보았는가.
수확의 기쁨은 흘린 땀에 정비례한다.

- 윌리엄 블레이크

중요한 것을 가려낼 줄 아는 힘

세상에는 하찮은 일로 1년 내내 바쁘게 살아가는 사람이 있다. 그들은 무엇이 중요하고, 무엇이 중요하지 않은지를 구분하지 못한다. 그래서 중요한 일에 전념해야 할 시간과 노력을 사소한 일에 쏟아버리고 만다. 이런 사람은 누군가를 만나 대화할 때도, 외형적인 것에만 마음을 빼앗겨 정작 상대방의 인격은 보지 못한다. 연극을 보러 가서 내용보다는 무대장식 같은 것에 더 시선을 빼앗겨버리는 셈이지.

반면에, 아무리 작고 하찮아 보일지라도 거기서 굉장히 중요한 것을 발견해내는 사람이 있다. 사실 그게 진짜 안목이지. 사람들이 지식이나 식견을 넓히고, 훌륭한 태도를 몸에 익히려고 하는 것도 다 이러한 안목을 기르기 위해서란다. 무엇이 중요하고, 무엇이 중요하지 않은지 구분할 줄 아는 능력을 기르기 위해서 말이다. 내게 중요하고 가치 있는 일들을 가려낼 줄 안다면, 어디에도 휩쓸리지 않고 나만의 길을 갈 수 있다. 그것이 목표를 이루는 지름길이다.

눈앞에 있는 것에 집중하라

주의가 산만하다는 말을 듣는 사람은 대개 마음이 다른 곳에 있어 집중력이 부족한 사람이다. 자리를 함께 하고 있어도 어쩐지 딴생각을 하고 있는 것 같고, 대화가 이어지지 않는다. 그러한 사람은 자세히 보면, 모든 면에서 예의에 어긋나 있기 마련이다. 이를테면 어제는 다정하게 대했던 사람에게 오늘은 냉담해지기도 하고, 모두가 즐겁게 대화를 나누고 있어도 혼자서 다른 생각에 젖어 어울리려 하지 않는다. 때때로 갑자기 생각난 듯 흐름과는 상관없이 자기 멋대로 끼어들어 대화의 주제를 바꿔버리기도 한다. 함께 시간을 보내는 상대방은 어떨까? 과연 즐거울까?

예외적이긴 하지만, 뉴턴을 비롯하여 오늘날까지 위대한 업적을 남긴 수많은 천재 중에서는 주위에 아무리 많은 사람이 있어도 혼자서 깊은 사색에만 몰두하는 집중력을 보였던 이들도 있다. 하지만 실제로 그런 사람을 대하는 일은 즐겁지 않다. 사람 사이에 지켜야 할 예의를 전혀 지키지 않기 때문이다. 결국에는 소외당해서 정말 혼자가 돼버린다. 집중력이 부족하거나 주의가 산만한 사람과 같이 있으면 대다수 사람은 불쾌하게 여긴다. 그것은 상대방을 모욕하는 것과 다름없다. 모욕은 어떤 사람이라도 환영받지 못할 일이다.

그러니 너도 생각해보렴. 자기가 존경하는 사람이나 사랑하는 사람을 앞에 두고도 마음을 다른 곳에 빼앗겨 산만해질 수 있겠니? 그럴 리가 없다. 사람은 누구나 주목할 만한 가치가 있다고 생각되는 사람 앞에서는 정신을 집중할 수 밖에 없는 법이다. 그리고 어떠한 상황에서도 주목할 만한 가치가 없는 상대는 없다.

솔직한 내 생각을 말하자면, 마음이 다른 곳에 가 있는 사람과 함께 있느니 차라리 죽은 사람과 함께 있는 편이 낫다. 적어도 죽은 사람은 나를 바보 취급하지는 않는다. 그런데 함께 있으면서도 주의가 산만하고 정신이 멍해져 있는 사람은, 나를 주목할 만한 가치가 없는 사람이라고 무언으로 단정하고 있는 셈이다. 그런데 과연 함께 있는 사람들의 말과 행동, 인격이나 태도, 생각 같은 것을 헤아리고 받아들이려고 할까?

　그런 사람은 설령 훌륭한 사람들에게 둘러싸여 있다 하더라도 무엇 하나 얻는 것 없이 시간을 허비해버리고 말 것이다. 지금 해야 할 일과 하는 일에 정신을 집중시키지 못하는 사람은 훌륭한 일을 할 수도 없거니와, 좋은 대화의 상대도 되지 못한다는 걸 기억해라.

너무 깊은 사색에 빠지지 않도록 해라

조나단 스위프트가 쓴 〈걸리버 여행기〉를 보면, 걸리버는 세 번째 여행지 공중섬 라퓨타에 도착한다. 거기서 여러 사람을 만나는데, 그중에 언제나 깊은 사색에 잠겨 있는 철학자에 관한 이야기가 나온다. 라퓨타의 철학자들은 자신의 생각에 너무 깊이 집중한 나머지, 누군가 다가와 발성 기관이나 청각 기관을 직접 건드려주지 않으면 말을 할 수도 없고, 다른 사람의 말을 들을 수도 없다고 한다.

그렇게 그들의 집중한 정신을 깨워주는 사람을 '주의환기인'이라고 부르는데, 여유가 있는 집에서는 하인 중 한 사람에게 그 일을 맡긴다고 한다. 철학자들은 주의환기인 없이는 밖에 나가 다른 집을 방문할 수도 없고, 산책을 할 수도 없다. 앞에 걸려 넘어질 것 같은 돌부리가 있다면 눈꺼풀을 가볍게 건드려서 그것을 알려줘야 하고, 잘못된 길로 가고 있다고 소리쳐 알려주지 않으면 언제 발을 헛디딜지, 기둥에 머리를 부딪칠지 모른다. 또 길거리를 걸을 때는 언제 사람에게 부딪칠지, 언제 개집을 발로 걸어찰지 모른다.

물론 나는 네가 라퓨타의 철학자들처럼 되리라고는 티끌만큼도 생각하지 않는다. 하지만 세상에는 그저 자신만의 생각에 빠져 그것 외에는 아무것도 보지 못하는 사람들이 많다. 당장 주위만 둘러봐도 다른 사람이나 처한 환경에 지나치게 무심한 사람이 분명 몇은 있을 거다.

누구나 살면서 한 번쯤은 주위를 둘러보지 못할 정도로 깊이 생각하는 순간이 있다. 그렇다 해도 꼭 기억하렴. 그것이 부주의함의 면죄부가 돼주지는 않는다는 것을 말이다.

지혜란 받는 것이 아니다.
우리는 그 누구도 대신해줄 수 없는 여행을 통해
스스로 지혜를 발견해야 한다.

- 마르셀 프루스트

백 마디 말보다 중요한 하나의 마음가짐

사람은 저마다 자신의 생각에 따라서 행동하는 법이다. 그런데 상대방의 생각과 행동에 대해서 다름을 인정하지 못하고, 자신이 무조건 옳다고 강요하는 이들이 많다. 건강한 논쟁을 주고 받는 것이 아니라 무조건 자기 말이 맞다고 소리를 지르고, 심한 비하도 서슴지 않는다. 하지만 사람은 저마다 옳다고 생각하는 신념이 있다. 이것이 나와 다르다고 해서 무시하고 모욕하는 것은 절대 해서는 안 되는 행위다.

자신의 생각과 행동에 대해 존중받고 싶다면, 남의 생각과 행동을 스스로의 기준에 맞춰서 함부로 재단하거나 성급히 결론내리는 일은 없어야 한다.

떳떳하게 살아가겠다는 마음가짐을 가져라

다음에 당부하고 싶은 것은 남의 나쁜 소문에 귀를 기울이거나 그것을 퍼뜨리는 일은 절대 하지 말라는 것이다. 당장은 즐거울지도 모른다. 그러나 냉정하게 생각해보면, 자신에게 아무런 득이 되지 않는 일일뿐이다. 남을 헐뜯으면, 헐뜯은 그 사람이 비난받게 될 뿐이다.

또한, 너도 알다시피 거짓말만큼 비열하고 어리석은 짓이 없다. 거짓말은 흔히 적대시하는 마음이나 비겁함, 허영심에서 비롯하는데, 어느 경우든 목적이 달성되는 일은 드물다. 아무리 완벽하게 속이려 해도 거짓말은 반드시 탄로가 나기 때문이다. 예를 들어, 누군가의 행운이나 인덕을 시샘하여 거짓말을 했다고

하자. 얼마 동안은 상대에게 상처를 줄 수도 있을 것이다. 하지만 결국 가장 큰 고통을 받는 것은 자기 자신이다. 거짓말이 들통났을 때 그것을 책임져야 하기 때문이다.

만일 상대에게 진심으로 사과를 하고 상대가 그것을 받아줬다고 해도 안심할 수 없다. 어쩌다 호의적이지 않은 말이라도 하게 되면, 진실 여부와는 상관없이 상대는 비난이라 받아들인다. 또 자기의 말과 행동에 대해 변명하거나 상황을 모면하려고 불필요한 말들을 보태다 보면, 결국에는 거짓말을 한 것과 다름없게 돼버린다. 아니라고 해도 어쩔 수 없다. 이미 주위 사람들은 저급하고 비열한 사람으로 본다.

그러니 애초에 거짓말을 하지 않는 게 옳다. 잠시 잘못된 생각에 빠져 저지르고 말았을 때는, 또 다른 거짓말로 숨기려 하기보다는 솔직하게 말하는 편이 낫다. 그것이 속죄하고 용서를 구하는 유일한 방법이다. 잘못이나 무례함을 숨기기 위해 변명하고, 얼버무리고, 속이는 행위는 결국 자기 자신을 고달프게 만든다. 너도 양심이나 명예를 지키며 훌륭하게 살고 싶거든, 거짓말을 하거나 속이지 말고 떳떳하게 살아라. 이 말을 생명이 다할 때까지 머릿속에 새겨두어라. 그렇게 사는 것이 곧 너 자신을 위한 일이다.

마음은 얼굴에 나타나는 것이다.
내 마음과 얼굴이 바르다면,
거짓인 사람은 멀리 떠나게 되고
진실한 사람이 내게 가까이 오게 된다.

- 증자

관계의 첫 단추

가끔 주위에 무슨 생각을 하고 있는지 알 수 없는 사람이나 성격이 아주 어두워 보이는 사람이 있다. 너는 그런 사람을 볼 때면 어떤 생각을 하는지 궁금하구나. 나는 얼른 유리창이든 거울이든 내 얼굴을 비춰본단다. 혹시 내 인상도 그러하지는 않은지 보려고 말이다. 사실 둘 다 칭찬받을 일은 못 된다. 무엇보다도 공연한 오해를 사기 쉽다. 지금 즐거운 건지, 화가 난 건지, 무슨 일이 있는 건지 괜히 상대가 눈치를 보게 만들기 때문이다.

　무슨 생각을 하고 있는지 알 수 없는 사람에게는 아무도 자신의 속마음을 이야기하지 않는다. 어두워 보이는 사람에게는 말도 잘 붙이지 않는다. 능력 있는 사람은 내면은 어떨지 몰라도 그것을 겉으로 드러내지 않는다. 외면적으로는 친절하게, 영리하게 행동하는 법이다. 일단 상대방의 방어를 풀도록 하면서, 그가 나를 어떤 사람인지 파악하려고 하는 것처럼 나 또한 그를 파악하는 것이다. 그렇다고 자기 본심을 마구 드러내면 안 된다. 자기 본심은 굳게 지켜야 한다. 부주의하게 아무 말이나 함부로 지껄이다 보면 그 말이 어딘가에서 편리한 대로 이용되기 때문이다.

상대의 말은 귀가 아니라 눈으로 듣는다

말을 할 때나 들을 때는 언제나 상대방의 눈을 보아야 한다. 말하고 있는 상대방의 눈을 쳐다보지 않는 것만큼 예의에 어긋나는 일은 없다. 천장을 쳐다보거나, 창문 밖을 내다보거나, 탁자 위에 놓인 물건을 만지작거리거나 한다면, 지금 내 앞에 있는 상대보다 그게 더 중요하다고 공개적으로 말하는 것이나 다름없다. 조금이라도 자존심이 있는 사람이라면 그런 행동이 몹시 언짢을 것이다.

또 상대의 눈을 보지 않는 것은, 자기의 말이 상대방에게 어떻게 받아들여지고 있는가를 관찰할 기회를 스스로 포기하는 것과 같다. 상대방의 마음을 읽으려면 귀보다는 눈에 의지하는 편이 낫다고 나는 생각한다. 말로는 마음을 숨긴 채 이런저런 이야기를 할 수 있어도, 눈에는 반드시 속마음이 드러난다.

자기 자신을 기쁘게 하는 선택을 하라

어쩌면 놀이와 게임은 살면서 한 번쯤 걸리게 되는 암초 같은 것이 아닐까? 바람에 돛을 맡긴 채 즐거움을 찾아 출범한 것까지는 좋았지만, 정신을 차려보니 방향을 확인할 나침반도 없거니와 키를 잡는 데 필요한 지식도 없다. 다시 돌아갈 수도, 목적지에 당도할 수도 없다. 불명예스럽게 비틀거리며 항구로 되돌아온대도 그게 다행이지, 영영 헤어 나오지 못하고 떠돌아다니게 될 수도 있다.

이렇게 말하니 오해할 것 같다만, 나는 즐거움을 꺼려하는 금욕주의자도 아니고, 쾌락에 빠져서는 안 된다고 설교하고 싶지도 않다. 난 오히려 쾌락주의자에 가까운 사람이다. 너 또한 마음껏 즐기면서 살기를 바란다. 나는 다만 네가 잘못된 항로로 나아가지 않도록 안내해줄 뿐이다.

너는 어떤 일에서 즐거움을 발견하고 있을까? 혹시 마음 맞는 친구와 공연이나 전시회를 보러 다니는 것을 좋아할까? 맛있는 것을 먹으러 다니는 걸 좋아할까? 아님 혼자서 취미를 즐기는 것을 좋아할까? 네가 무엇이든 즐기며 살면 좋겠구나. 하지만 인생의 길잡이로서, 즐거움에 관해 이야기해주고 싶은 것이 있다.

즐거움에도 함정이 있다

어떤 이들을 보면 놀이의 참 의미를 잘못 알고 있는 것 같다. '무절제'가 놀이의 목적이자 전부라고 말이다. 그 한 예로 술을 마시는 것이 있다. 술이 몸과 마음에 나쁜 영향을 준다는 걸 잘 알면서도, 그만한 재미가 없다고 생각하는 이들이 많더구나. 도박도 그렇다. 순식간에 돈을 잃고 빈 지갑만 남아도 재미있다며, 다시 또 하자는 이들을 심심찮게 볼 수 있다. 과연 이 모든 게 스트레스를 해소하고 에너지를 재충전하는 것일까? 내가 앞서 말한 것들은 모두 가치 없는 놀이들이다. 문제는 아무런 가치가 없는데도 불구하고 많은 사람의 마음을 사로잡고 있다는 것이다.

네 나이에는 놀이에 몰두하는 것이 지극히 당연하고, 그 모습이 보기 좋기도 하다. 그렇지만 젊기 때문에 잘못된 방향으로 빠져들 위험도 크지. 스스로 잘 생각해보지도 않고 남들이 재미있다고 하는 것을 그냥 받아들여 버리는 것이다. 놀기 좋아하고 매일 한량처럼 사는 사람을 보면 왠지 멋져 보이고 여유 있어 보일수 있다. 하지만 과연 그들이 자기의 종착역을 알고 있을까?

놀이에도 자기 나름의 목적을 가져라

그다지 이야기하고 싶지 않은 일이지만, 부끄러움을 무릅쓰고 내 경험을 들려주고자 한다. 그래, 젊은 시절에 나도 예외는 아니어서 '놀기 좋아하는 한량'으로 보이는 것에서 가치를 찾아 헤맸다. 지금 생각해보면 참 어리석은 행동이었다. 친구들이 부르면 마다하지 않고 나가서 좋아하지도 않는 술을 진탕 마셨고, 숙취에서 깨어나지 못해 괴로워하면서도 또 마시는 악순환을 되풀이했다. 도박도 마찬가지였다. 누군가 재미로 해보자고 하면, 마음에서는 별로 내키지 않으면서도 '말 그대로 재미로 하는 건데, 뭐' 하며 거절하지 않았다. 그렇게 인생에 충실해야 할 시간을 낭비하며 지냈다.

비록 철없던 시절의 실수였다 하더라도 참 부끄러운 일이란 다. 그러나 아무튼, 나는 이러한 어리석은 행동들을 일체 중단해 버렸다. 떳떳하지 못함을 느꼈기 때문이다. 그리고 무서운 생각이 들었다. '이렇게 계속 지지부진으로 사는 거 아닌가?' 하는 위기감이 치밀었다. 실제로 지갑이 가벼워졌고 건강도 해쳤다. 너무 늦지 않게 정신을 차려서 참 다행이다. 만약 내가 영영 깨닫지 못했다면 어떻게 됐을지 상상도 하기 싫구나.

나는 이 모두를 하늘의 가르침이라고 생각하며 겸허히 뉘우치고 있다. 내 어리석은 체험담에서 너는 무엇을 배웠니? 나는 네가 너의 즐거움을 스스로 선택할 수 있기를 바란다. 다른 사람들이 재미있다는 것에 무작정 휘말려서는 안 된다. 다른 사람들이 그렇게 한다고 해서 너도 그렇게 할 필요는 없다. '나는 나'라고 생각하고 단호하게 거절해라. 지금 너는 어디에서 즐거움을 찾고 있는지 스스로에게 질문해보렴. 그것을 계속할 것인지 중지할 것인지는 너의 현명한 판단에 맡기겠다.

진정한 즐거움을 아는 사람

내가 만일 지금 네 나이로 돌아가, 다시 한 번 인생을 살 수 있다면 어떤 일을 할까? 우선 무엇보다도 즐거워 '보이는' 일을 하는 게 아니라 '정말로 즐거운 일'만을 하겠다. 그중에는 친구와 식사를 하거나 술을 마시는 일도 포함된다. 그렇지만 과식하거나 과음을 해서 괴로워하지 않도록 절제하겠다. 누가 뭐라든 나만의 즐거움을 찾겠다. 인생은 다른 사람의 시선을 의식하면서 살아가기엔 너무도 짧다. 일부러 자기 방식을 강요하거나 상대를 비난해서 미움을 살 필요도 없다. 남은 남이며 자기 좋을 대로 하라고 내버려두면 된다.

진정한 즐거움을 알고 있는 사람은 유흥에 쉽사리 자신을 망치지 않는다. 그 가치를 모르는 사람만이 유흥을 진정한 즐거움이라고 생각해버리는 것이다. 양식 있는 사람 중에 술에 몹시 취하여 걸음걸이도 제대로 가누지 못하는 사람과 친구가 되고 싶은 사람이 있을까? 감당하지도 못할 큰돈을 내기에 걸고 몽땅 잃고선 상대에게 돈을 빌려달라는 사람의 곁에 있으려는 사람이 있을까? 방탕한 생활로 몸과 마음이 만신창이가 되어버린 사람과 친하게 지내고 싶어 하는 사람이 있을까?

물론 그런 사람이 있을 리가 없다. 방탕한 생활에 제정신을 잃고, 게다가 그것을 부끄러워할 줄도 모르는 사람은 결국 소외된다.

진정한 즐거움을 알고 있는 사람은 품위를 잃지 않는다. 방탕을 본보기 삼거나 나쁜 짓을 따라 하지 않는다. 그러니 아들아, 진정한 즐거움에 대해 깊이 생각해보자. 지금 네게 큰 즐거움을 주고 있는 것이 앞으로 네 인생에 진정한 즐거움을 가져다줄지, 아니면 헛된 시간 낭비로 끝나게 될 어리석은 행동일지 구분해보길 바란다.

그 냄새가 아무리 감미롭다 해도
잘못된 쾌락은
부패보다 훨씬 더 고통에 가깝다.

- 칼릴 지브란

태도가 빛난다면
삶 또한 저절로 빛난다.

2장   태도에 관하여

아침에는 책에서 배우고
저녁에는 사람에게서 배워라

일과 휴식에 대해서는 명확하게 시간을 구분해두는 것이 좋다. 일과를 보낸 후에 저녁 식사 테이블에 앉았다면 그다음부터는 휴식 시간이다. 특별히 긴급한 일이 없는 한, 네가 좋아하는 것을 하며 즐겨도 좋다. 혼자 자전거를 타도 좋고, 친구와 만나서 담소를 나누는 것도 좋다. 연극이나 영화도 좋다. 틀림없이 만족스러운 저녁을 보낼 수 있을 것이다. 물론 매력적인 여성에게 데이트를 신청하는 것도 좋다. 다만, 서로의 품위를 떨어뜨리지 않을 상대이기를 바랄 뿐이다.

지금 말한 것들이 정말로 분별 있는 사람, 앞서 말한 진짜 즐거움을 알고 있는 사람이 즐기는 방법이다. 이처럼 일과 휴식의 시간을 명확하게 구분하여, 자신만의 일상을 만들어가는 것도 삶에서 중요하다.

오전 내내 집중해서 공부하는 것을 꾸준히 반복하면, 1년 후에는 상당한 지식을 얻게 될 것이다. 한편, 저녁에 친구와 만나 보내는 시간도 너에게 세상에 관한 또 하나의 지식을 가져다줄 것이다. 아침에는 책에서 배우고 저녁에는 사람에게서 배운다. 이것을 실천하자면 사실 한가하게 있을 시간은 없다.

나도 젊었을 때는 여기저기 다니느라 바빴고, 여러 부류의 사람들과도 잘 사귀었다. 그만큼 그러한 일에 시간과 노력을 쏟아부었다. 때로는 지나친 적도 있었다. 그렇지만 자는 시간을 줄여서라도 어떻게든 공부하는 시간만은 확보하였다. 전날 밤 아무리 늦게 잠자리에 들더라도 다음 날 아침에는 반드시 제시간에 일어났다. 이것만은 고집스럽게 지켜 나갔다.

몸이 아팠을 때를 제외하고는 40년이 흐른 지금까지도 이 습관은 계속되고 있다. 인생을 돌아봤을 때 이것만큼은 정말 잘한 일이라고 생각한다. 너도 이렇게 아침 시간을 활용한다거나 저녁 시간을 활용한다거나 하는 너만의 루틴을 만들어가면 좋겠구나.

평소에 진지하게 일에 전념하는 사람만이 마음으로나 몸으로나 노는 것을 철저히 즐길 수 있다. 사람은 성취하는 바가 있어야 힘이 난다. 아무것도 성취한 것 없이 놀기만 하다 보면 어느새 공허함만 남는다. 그러니 하루에 한 가지씩은 꼭 성취하고 그 보상으로 휴식하고 재미를 찾아보자.

적막함을 즐기는 사람은
흰 구름과 그윽한 돌을 보고
깊은 진리를 깨닫는다.

영화를 좇는 사람은
맑은 노래와 신비한 춤을 보고
싫증을 내지 않는다.

오직 스스로 깨달은 선비는 시끄러움과 고요함,
번영과 쇠퇴에 상관없이
가는 곳마다 마음이 안 맞는 세상이 없다.

- 채근담

오늘 1분을 비웃는 자, 내일 1초에 운다

부나 재물을 영리하게 쓸 줄 아는 사람을 찾기란 쉽지 않다. 그리고 시간을 슬기롭게 쓸 줄 아는 사람을 찾기란 그보다 더 어렵다. 나는 네가 이 두 가지를 잘 사용할 줄 아는 사람이 되기를 바란다. 젊을 때는 시간이 충분하다고 생각하기 쉽다. 그런 마음의 여유를 갖는 것도 좋지만, 실은 그것으로 인해 낭비하고 있지는 않은지 되돌아볼 필요가 있다. 깨닫고 난 후에는 이미 늦어 어찌할 수 없는 상태인 경우가 많기 때문이다.

월리엄 3세, 앤 여왕, 조지 1세 시대에 그 이름을 떨쳤던 라운즈 재무장관은 생전에 곧잘 이렇게 말했다고 한다. "1펜스를 우습게 여겨서는 안 된다. 1펜스를 비웃는 자, 1펜스 때문에 운다." 이 말은 진실이다. 그는 스스로 이것을 실천하여 두 손자에게 막

대한 재산을 남겨줬다. 이 말을 그대로 시간에도 적용해보자.

1분을 비웃는 자는 1분에 우는 법이다.
그러므로 10분이든 20분이든
매 순간순간을 헛되이 보내지 않도록 해라.

소홀히 한 1분이 쌓이다 보면 하루에 생각지도 못하게 많은
시간을 낭비하게 된다. 그것이 1년간 쌓이면 얼마나 큰 손해일
지 한번 생각해보렴.

'빈 시간'을 '공백의 시간'으로만 남기지 마라

12시에 누군가와 만나기로 약속했다고 하자. 너는 11시에 집을 나와서 잠시 필요한 물건을 사겠다는 계획을 세웠다. 그런데 하필이면 그 가게가 오늘 갑작스레 문을 닫아버렸다. 시간을 확인하니 약속 시간까지는 50분이나 남았다. 이때 너라면 어떻게 하겠니? 흔히들 그러는 것처럼 커피숍에라도 들어가서 시간을 보내겠니? 나 같으면 그렇게 하지 않는다. 어영부영 돌아다니지 않고 곧바로 서점에 갈 것이다. 새로 나온 책을 훑어보고, 평소에 읽고 싶었던 책을 읽는다. 어려운 책은 읽지 못하겠지만, 시 몇 편은 읽을 수 있을 것이다.

이렇게 작은 시간이라도 효율적으로 사용하면 몇 가지는 더 얻을 수 있다. 적어도 따분하게 시간을 보내는 일은 없을 테지. 세상에는 시간을 허비하는 사람이 많다. 소파에 기대앉아 하품을 하면서, '무엇인가 새로 시작하기에는 시간이 좀 모자라네!'라고 생각한다. 그러나 이런 사람은 실제로 시간이 충분해도 무엇인가 일을 시작하지 않는다. 결국 아무것도 하지 않고 시간을 흘려버린다. 아마 공부에 있어서나 일에 있어서나 매사에 이런 태도일 것이다.

한가로이 시간을 보내기 이전에 스스로 어떤 일과를 보냈는지 돌아보렴. 혹시 계속 한가로이 보냈다면 당장 해야 할 일을 시작해라. 그다음에는 쉬어도 좋다. 빈둥거리는 것도 사실 습관이다. 매사에 열심히 임하고, 끈기 있게 보내다 보면 그것이 습관이 된다. 앞으로 1년, 몇 년의 세월이 너의 일생에 얼마나 큰 의미가 될지 생각해보면 좋겠구나. 그러면 단 한 순간도 소홀히 할 수는 없을 것이다.

그렇다고 온종일 책상에만 붙어 있으라는 건 아니다. 다만 무엇이든 좋으니 '하고 있다'는 사실이 중요하다. 20분, 30분을 가볍게 여기고 아무것도 하지 않다 보면 결국 상당한 손실이 되고 만다. 하루 중에도 짧은 빈 시간이 몇 번은 있을 것이다. 그럴 때 멍하니 하품이나 하고 있기보다는, 무슨 책이든 좋으니 가까이에 있는 것을 읽어보면 좋다.

순간순간을 의미 있게 쓰겠다는 마음가짐

　내가 아는 사람 중에 사소한 시간이라도 헛되지 않게 사용하는 이가 있다. 이 사람은 짬짬이 화장실에 있는 시간을 이용하여 책 한 권을 독파해버린다. 예를 들어, 호라티우스의 『카르페 디엠』를 읽고 싶다고 하자. 이 사람은 호라티우스의 시집을 사온 다음에 화장실에 갈 때마다 두 페이지씩 읽는다. 이것을 되풀이하는 것이다. 어떻게 보면 성가신 일일 수도 있지. 하지만 책 한 권을 다 읽는 성과를 거둔다면 의미 있는 일이지. 게다가 이렇게 하면 읽어야 할 책의 내용이 언제나 머릿속에 남아 있어서 아주 효과적이다.

　물론 그렇다고 어떤 책이든 이렇게 독파할 수 있는 건 아니다. 계속해서 읽지 않으면 이해하기 어려운 과학 서적처럼 내용이 어려운 책은 적당하지 않지. 그러나 몇 페이지만 읽어도 충분히 의미가 통하고 유익한 책도 많이 있다. 짧은 시간이라도 이처럼 효과적으로 사용하면, 상상 이상의 결과를 성취할 수 있다. 그런데 짧은 시간이라고 해서 그냥 아무것도 하지 않고 허비해 버린다면 그 시간만큼은 말 그대로 허송세월이 되어버리는 것이다.

중요한 건 아무리 짧은 시간이라도 순간순간을 의미 있게 사용하겠다는 마음가짐이란다. 비단 공부에만 적용되는 이야기가 아니다. 말했듯이 노는 것도, 쉬는 것도 때에 따라서는 필요하고 중요하다. 인간은 놀이와 휴식을 통해서도 성장한다. 꾸밈없는 인간의 참모습을 가르쳐주는 것도 놀이다. 그러므로 놀 때에도 빈둥거려서는 안 된다. 놀 때는 노는 데 온정신을 집중하자.

우선순위를 정해라

일을 하거나 공부를 할 때 기본이 되는 건 뭘까? 바로 일의 순서를 아는 것이란다. 올바른 일의 순서를 알고 근면하게 임한다면, 재능만 있고 질서가 없는 사람보다 훨씬 더 일을 잘 처리할수 있다. 너도 모든 일에 계획을 세워 추진하는 습관을 길러야한다. 순서를 정하고 그것에 따라 일을 추진하는 것이야말로 일을 능률적으로 완성하는 비결이다. 모든 일에 순서를 정해야 한다. 그렇게 하면 시간이 얼마나 효과적으로 절약되는지, 얼마만큼 일이 빠르게 진척되는지 경험으로 알 수 있다.

일하는 순서가 미리 정해져 있다면 남보다 두세 배는 더 많은 일을, 효율적으로 처리할 수 있다. 여유 있게 내가 할 만큼 조절하는 것도 가능하다. 잊어버리거나 실수하는 부분도 없어진다. 사람은 일을 감당할 수 없으면 당황하기 마련이다. 아무리 능력 있는 인물이라도 순서 없이 일하다 보면 실수는 예견된 일이다. 그러니 일이든 공부든 시작하기 전에 그 순서를 정하고 해 나가기를 바란다.

그대는 인생을 사랑하는가?
그렇다면 시간을 낭비하지 말라.
시간은 인생을 구성하는 귀중한 재료다.

- 벤자민 프랭클린

장점이 끝까지 장점이 될 수 있는 방법

어떤 장점이나 덕행도 단점이나 부덕한 면이 있다. 내 딴에는 생각해서 한 말과 행동도 자칫 예상치 못한 잘못을 범하는 수가 있다. 관대함이 지나치면 응석받이를 만들고, 절약이 지나치면 인색함이 되고, 용기가 지나치면 만용이 되고, 지나친 신중함은 비겁함이 될 수도 있다. 장점이나 덕을 드러낼 때도 상황을 잘 판단해야 하는 것이다.

만일 네게 누군가를 잘 도와주는 장점이 있다고 해보자. 누군가를 돕는 일은 칭찬받아 마땅한 도덕적 행위다. 반대로 그를 모른 척하고 지나가는 것은 부도덕한 행위로 손가락질을 받는다. 도덕적 행위는 그 자체가 아름답다. 그래서 그 행위를 하면 할수록 더 큰 만족감과 행복을 느끼게 된다. 스스로 도덕적인 사람이라는 자부심도 생긴다. 올바른 판단이 필요한 것은 바로 이

순간이다. 누군가를 돕는 일이라고 생각해서 한 행동이 사실은 그게 아니었다면? 좋지 않은 결과를 초래했다면? '돕는다'는 도덕적 행위만 생각해서 정작 남을 헤아리지 못했다면? 도덕적 행위를 끝까지 도덕적 행위가 되게 하기 위해서는, 장점을 끝까지 장점이 되게 하기 위해서는 항상 자신의 행동을 돌아볼 줄 알아야 한다.

내가 이런 말을 하는 이유는 학식 있고 장점이 많은 사람이 빠지기 쉬운 함정에 관해서 이야기하고 싶었기 때문이다. 지식이 풍부하다는 장점이 있어도, 올바른 판단력을 가지고 행동하지 않으면, 유식한 척한다는 엉뚱한 험담을 듣게 될지도 모른다. 어느새 사람들에게 지식을 뽐내고 싶어서 안달 난 사람이 돼버리는 것이다. 앞으로 네가 가진 지식을 남들과 나눌 일이 있을 때를 위하여 이 점을 기억해두면 좋겠구나.

지식은 풍부하게, 몸가짐은 겸허하게

학식이 풍부한 사람은 지식에 자신이 있는 나머지, 남의 의견에 귀를 기울이지 않는 경향이 있다. 그리고 일방적으로 자신의 판단을 강요하거나 멋대로 단정하기도 한다. 그러면 어떤 결과가 올까? 그렇게 강요당한 사람들은 점점 반발심이 들어서 종국에는 맞는 말을 하든 틀린 말을 하든 화를 내며 반항할 것이다.

벼는 익을수록 머리를 숙이듯이 학식이 풍부할수록 겸허해져야 한다. 자기 생각만을 내세우지 않고 남의 의견에도 귀를 기울일 줄 알아야 한다. 자신의 지식을 자랑하지 않고 상대방의 생각을 존중할 수 있어야 한다. 지식은 손수건처럼 호주머니 속에 넣어두면 된다. 일부러 내보여 자랑할 필요가 없다. 굳이 쓸 일도 없는데 호주머니 속에서 꺼내보거나 남에게 권할 이유가 없다. 필요한 순간에 꺼내는 것으로 족하다.

성실한 것은 하늘의 도다.
성실해지려고 하는 것은 사람의 도다.
그 성실을 이루는 데에는 다섯 가지가 있다.

첫째, 널리 배우는 것

둘째, 자세히 묻는 것

셋째, 조심스럽게 생각하는 것

넷째, 분명하게 판별하는 것

다섯째, 독실하게 행하는 것이다.

네 번째까지는 다 얻을 수는 있지만

다섯 번째에 이르러서야

비로소 자기가 터득한 학문이라 할 수가 있다.

- 중용

지식이 빛을 발하는 순간

오늘은 녹초가 될 만큼 아주 피곤한 일이 있었다. 아니, 혼났다고 말하는 게 더 어울릴 것 같군. 학식이 풍부하고 고상한 취미를 지닌 지인이 나를 찾아와서 저녁 식사를 함께 했다. 그런데 그동안 여러 사람과 모인 자리에서 봤던 터라 잘 몰랐는데, 단둘이 이야기해보니 알겠더구나. 이 사람은 예의도 모르거니와 대화의 올바른 방법조차 모르는, 이른바 '학자 바보'였다.

보통의 경우라면 근거 없는 이야기를 늘어놓는 사람 때문에 질릴 테지만, 이 사람의 이야기는 온통 근거 있는 이야기뿐이었다. 그래서 더 진절머리가 났다. 내가 어떤 이야기를 꺼내든 말끝마다 자기주장을 펼치며 눈을 뒤집어 까고 흥분하는 것이다. 분명 그의 주장은 모두 그럴듯했다. 아마도 매일 연구실에 처박

혀서 골몰한 끝에 확립한 것들이겠지.

그런데 유감스럽게도 현실성이 없었다. 왜 그런지 알겠니? 그가 하는 말 모두 현실과는 동떨어진 이론에 불과했다. 게다가 모임을 제외하고는 아무하고도 교류하지 않아서 자기 생각에만 빠져 있었다. 학문은 깊지만 인간에 대해서는 무지했던 것이다. 이론이 아닌 자신의 생각을 말할 때는 어찌나 버벅거리던지 딱할 정도였다. 그래도 아무튼 자기 생각이 맞다는 것이다.

결국 세상은 소통의 장

현실성 없는 이론은 사람을 피곤하게 만든다. 예를 들어, "이론은 그러하나 실제 세상은 그런 것이 아니오" 하고 말참견을 하더라도, 그에 관한 자기주장을 펼치기 시작하면 대부분 끝이 없다. 이쪽 말에는 아예 귀를 기울이지 않는다. 그것도 당연하긴 하다. 상대는 저명한 대학에서 학문을 깊이 공부하고, 평생 연구에만 몰두한 사람이니까.

사실 자신의 생각에 자부심을 갖는 것은 훌륭한 일이다. 다만 곤란한 것은, 이론과 학문에 심취한 나머지 실제 세상과는 동떨어진 생각을 고집한다는 것이지. 세상에는 여러 부류의 인간이 있고 다양한 관습과, 편견과, 기호가 있다. 그리고 그것들을 종합해서 한 사람이 존재한다. 이 사실을 어느 순간 잊어버리는 거란다.

예컨대 학문에 관해서는 흠잡을 구석이 전혀 없으나, 실제 세상에 대해서는 오히려 무지한 거지. 현실을 간과하고 있으니 말이다.

사람은 어떤 빛깔로든 변할 수 있다

세상을 모르는 학자에게는 사람이, 뉴턴이 프리즘을 통해서 빛을 보았을 때처럼, 몇 가지 빛깔로 분류돼 보이는 것이다. 이 사람은 이 빛깔, 저 사람은 저 빛깔 같은 방식으로 말이다. 그런 데 경험이 풍부한 사람은 다르다. 그는 빛깔에 명도가 있고 채도 가 있다는 것을 알고 있다. 한 빛깔로 보여도 여러 빛깔이 섞여 있다는 것을 알고 있다.

사람은 한 가지 빛깔만으로 구분할 수 없다. 그 정도에 차이 가 있기는 해도 각기 다른 빛깔이 섞여 있거나 그림자도 갖고 있다. 빛을 받는 정도에 따라서 비단의 빛깔이 달리 보이는 것처럼, 상황에 따라 다른 빛깔로도 변하는 것이 사람이다.

그런데 세상에서 격리되어 홀로 연구실에만 틀어박혀 있는 학자는 모른다. 이것은 머리로 알 수 있는 것이 아니다. 사회에서 사람들과 교류하며 경험으로 알게 되는 것이다. 그러므로 공부한 것을 실천하려고 해도 앞뒤가 맞지 않아 생각대로 되지 않는다. 악보는 아주 잘 읽을 수 있어도 실제로 연주해보는 데는 지극히 서툰 것과 같다.

지식은 생활 속에 섞일 때 비로소 지혜가 된다

너는 지식도, 인격도 훨씬 모자란 사람이 자신보다 우수한 사

람을 능숙하게 다루고 있는 것을 본 적 있니? 나는 지금까지 그런 경우를 여러 차례 보았다. 그런 일이 가능한 것은 세상을 사는 지혜 부분에서 차이가 있기 때문이다. 세상에는 지식과 인격은 있지만, 아직 경험이 부족해서 세상 물정에 어두운 사람들이 있다. 이런 이들의 맹점을 파고들어 마음대로 움직이는 것이다.

자기 눈으로 보고, 관찰하고, 실제로 체험해서 세상을 알고 있는 사람은 단지 책을 통해서만 세상을 아는 사람과는 근본적으로 다르다.

너도 이제 지금까지 공부해온 것, 보고 들은 것을 바탕으로 네 인격과 행동양식, 예의와 매너를 확립할 시기가 됐다. 올바른 확립을 위해서는 책을 읽어보면 도움이 될 것이다. 다만 책과 현실을 비교해보며 그 차이를 확인해봐야 한다.

예를 들면, 오전에 라 로슈푸코의 격언을 몇 개 읽고 깊이 고찰해봤다고 하자. 그것을 오후 약속에서 만나는 사람들에게 한번 적용해봐라. 라 브뤼에르의 책을 읽었으면, 거기 묘사된 세계를 실제로 사람들 사이에서 확인해보는 것이다.

책에는 사람의 마음이 어떻게 움직이는지, 감정이 어떻게 작동하는지 등 여러 가지 지혜가 집약돼 있다. 그것을 미리 읽어두면 관계에도 도움이 되겠지. 그렇지만 그것만 맹신해서는 안 된다. 실제로 사회에 발을 들여놓고, 사람들과 이야기를 나누면서 얻는 것들과 잘 결합하여라. 그렇게 네 생각을 확립해 나가는 것이다. 그러지 않으면 지식은 살아 있는 지식이 되지 못한다.

독서에 시간을 할애하되, 사람들과 충분히 교류하자. 꼭 무언가를 배울 만한 대화의 흐름이 아니더라도 사람들과 함께 있으면 웃음이 나고 기운도 난다. 그것 또한 네게 도움이 되는 일이다.

당신이 좋은 책을 읽고 지식을 얻는 것은
남을 업신여기기 위한 것이 아니다.

남을 도울 수 있고,
남에게 무엇인가를 줄 수 있는
힘을 얻기 위한 것이다.

고독의 창문을 열고 보라.
배운 것을 실제로 사용할 때가 많다.

- 에픽테토스

'알 것 같다'는 아는 게 아니다

나도 20대 초반까지는 읽은 책의 내용을 제대로 이해하지 못하면서도 그대로 받아들였고, 사람들이 말하는 것에 대해서도 옳고 그름을 판단하지 않은 채 받아들이곤 했다. 진실을 추구하기 위해 시간과 노력을 기울이기보다는 설사 틀리더라도 편한 것이 좋다는 사고방식으로 살았었다. 깊이 사고하는 것을 귀찮게 여겼고 놀기에 바빴다. 그러다 보니 분별 있는 생각을 하기는커녕 편견에 빠지기도 했었다. 스스로는 깨닫지 못했지만 진리를 추구하는 대신에 잘못된 생각에 빠져 있었던 것이다.

그러나 스스로 세상을 보는 눈을 기르고, 생각을 키우고, 뜻을 세우면서 놀랍게도 사물을 보는 시각이 달라지기 시작했다. 남들이 말하는 대로 혹은 주어진 사고방식대로만 사물을 봤던 때와 비교해보니, 모든 것이 얼마나 질서정연하게 보였는지 모른다. 너 또한 나와 같은 시행착오를 겪게 되겠지. 하지만 결국 사물을 꿰뚫어보는 힘을 기르게 될 거다. 다음에 내가 말하는 것들을 잘 실천한다면 말이다.

독단과 편견은 금물이다

내가 처음으로 가진 편견은 고전에 대한 절대적인 믿음이었다. 고전을 즐겨 읽고 선생님들로부터 수업을 받아오면서 자연스럽게 형성된 것이었는데, 나는 어느새 그것을 지나칠 정도로 철저하게 믿고 있었다. 그 당시 나는 양식 있고 양심적인 것은 고대 그리스의 로마 제국과 함께 멸망해버렸다고 생각했다. 그

리스 최고의 서사시 《일리아드》 《오디세이》를 쓴 작가 호메로스
와 로마 최고의 시인 베르길리우스, 16세기 이탈리아의 시인 타
소를 두고 볼 만한 작품이니 아니니를 따졌다. 하지만 곧 깨달았
다. 300년 전의 인간이나 지금의 인간이나 사실상 다른 점이 없
다는 것을 말이다. 다만 그 존재 방식이나 관습이 시대에 따라
변할 뿐, 인간의 본질은 예나 지금이나 같았다.

　현대인에게나 고대인에게나 각각의 장점과 결점이 있기 마
련이다. 누구나 살아가면서 좋은 일을 하고 나쁜 일도 한다. 사
람은 각각 생각하는 바가 다르기 때문이다. 하지만 그 당시에 나
는 이 당연한 사실에 회의적인 입장이었다. 그래서 누군가 나와
의견이 다르다는 것을 받아들이지 못했다. 내가 믿는 고전만이

정답이라고 생각해서, 유연한 태도라곤 눈곱만치도 없었다. 내가 계속 그 편협한 사고에 빠져 있었더라면 아무도 나와 이야기하려 들지 않았겠지. 편견이라는 것은 정말 무섭다.

생각을 점검하는 질문 세 가지

지금의 네 사고방식을 점검해볼 수 있는 질문 세 가지를 알려주마. 첫째, 정말 자신의 판단으로 그렇게 생각했는가. 둘째, 남이 가르쳐준 대로 생각하고 있는 것은 아닌가. 셋째, 편견이나 독단은 없는가. 이 세 가지를 먼저 되짚어보면 좋겠다.

항상 여러 사람의 의견을 듣고 옳고 그름을 판단하고, 만약 옳지 않다면 어떤 점이 잘못됐는가를 생각하고, 모든 것을 종합

해서 자기 자신의 생각을 확립하기 바란다. 물론 인간의 판단력
이 언제나 옳기만 한 것은 아니다. 틀릴 수도 있다. 그것을 보충
해주는 것이 책이고, 사람과의 교제이다.

처음부터 자기 마음속에 의심을 품고
다른 의심스러운 것을 풀려고 하면
그 결정은 타당한 것이 될 수가 없다.
자기 마음이 이미 편견으로
정해져 있기 때문이다.

사물을 판단하는 데는 먼저
자신의 마음을 조용하게 가라앉힌 후에야
비로소 바르게 판단할 수 있다.

- 순자

설득의 열쇠는 사소한 것에 있다

너는 우리의 마음을 사로잡는 배우들이 어떤 식으로 말하는지 주의 깊게 관찰한 적이 있니? 좋은 배우는 명확히 발음하고 정확히 표현하는 것에 중점을 둔다. 그런데 한번 생각해보자. 말로써 사람의 마음을 사로잡는 능력은 배우에게만 필요한 것일까? 너도 잘 알고 있듯이, 우리가 사는 일상 속에서, 관계 속에서 말의 역할은 정말 중요하다.

만일 네가 좀 더 말을 잘하고 싶다면, 매력적인 목소리를 지니고 싶다면 방법이 있다. 우선 큰 목소리로 책을 낭독하고 그것을 녹음해서 들어봐라. 호흡하는 방법, 강조하는 방법, 읽는 속도 등에 부적절한 점이 있으면 목소리 톤을 한층 부드럽게 바꿔봐라. 읽을 때는 입을 크게 벌려 단어 하나하나를 명확히 발음하

고, 조금이라도 빠르거나 말씨가 불분명하다면 천천히 곱씹어봐라. 무언가 발음에 걸리는 듯한 느낌이 있다면 천천히 읽는 버릇을 들여라. 그럴 때 빨리 말하고자 하면 더 알아듣기 어렵다. 지금은 별것 아닌 듯 보일지 몰라도, 점점 더 중요성을 실감하게 될 것이다. 사회에서는 누구나 친구처럼 네 말에 귀 기울여주지 않거든. 이러한 연습이 표현력을 기르고, 정확하게 의사를 전달하는 것에 도움이 된다. '아, 저 친구는 말을 참 조리 있게 잘하는군' 하는 인상을 만들어줄 것이다.

듣는 사람의 입장에서 생각하는 것

너도 기억나는 일이 있을 것이다. 말을 하는 사람이 거친 억

양으로 이야기하거나, 단어 선택이 엉망진창이거나, 말의 순서
도 뒤죽박죽이라서 더 이상 듣고 싶지 않은 적이 있지 않니? 나
는 언제든 그렇다. 그런데 이와는 정반대로 조곤조곤한 말씨에,
적절히 유머를 섞어가며, 주제에 맞는 이야기를 하는 사람에게
는 호감을 느낀다. 말하는 내용이 어떻든 설득력 있게 들리고 그
인격에까지 반해버린다.

내가 영국에서 율리우스력을 그레고리력으로 개정하기 위한
법안을 상원에 제출했을 때의 일을 말해주고 싶구나. 그 당시 나
를 비롯한 거의 모든 사람이 율리우스력이 태양력을 11일이나
초과하는 부정확한 달력이라는 사실을 알고 있었다. 이미 유럽
의 카톨릭 국가들에서는 교황 그레고리우스 13세의 개정에 따

라 그레고리력을 받아들이고 있었다. 머지않아 영국을 제외한 모든 국가들이 그레고리력을 채택하는 판국에 놓일 것 같았다.

나는 유럽의 주요 국가들이 그레고리력을 채택하고 있는데, 영국은 여전히 잘못이 많은 율리우스력을 고수하고 있다는 사실이 부끄러웠다. 나 말고도 해외에 자주 왕래하는 정치가, 무역상 중에 불편을 느끼고 있는 이들도 많았다. 그래서 나는 영국의 달력을 개정하기 위하여 여론을 수렴하고 법안을 상정하기로 결심한 것이다.

사실 내가 천문학에 대단한 지식이 있는 건 아니었다. 허나 그 법안을 성립시키기 위해서는 나에게도 다소의 지식이 있다는 것을 의회 사람들에게 알릴 필요가 있었다. 또 나와 마찬가지로 그들도 조금은 이해된 것 같은 느낌을 줄 필요가 있었다. 한마디로 남들이 쉽게 수긍할 만한 이야기가 있어야 했다.

들는 사람의 입장에서는 어려운 천문학적 계산이나 법률 전문용어 따위는 별 흥미가 없을 것이 틀림없었다. 그래서 내용 설명이나 전문용어의 나열은 집어치우고 의원들의 마음을 붙잡는 이야기가 무엇일까 생각해내는 데 노력을 기울였다.

나는 이집트력부터 그레고리력에 이르기까지의 과정을 간간이 일화를 섞어가면서 재미있게 설명하였다. 말씨, 문체, 화술, 몸놀림에 특히 신경을 썼다. 이 방법은 성공이었다. 의원들이 이해가 간다는 표정으로 고개를 끄덕였으니 말이다. 과학에 대한 설명 같은 것은 조금도 하지 않았음에도 의원들은 모든 것을 명백히 이해했다고 발언했다. 나는 이런 결과를 만든 게 말솜씨 덕분이라고 생각한다. 나조차도 이해하기 힘든 학문적인 부분을 설명하거나, 무작정 주장만 내세웠다면 좋은 결과를 낼 수 있었을까?

내용 못지않게 지엽적인 부분도 중요하다

사사로운 모임에서 사람의 마음을 붙잡고자 할 때든, 공적인 모임에서 청중을 설득하고자 할 때든, 이야기의 내용 못지않게 말하는 사람의 분위기, 표정, 몸짓, 품위, 목소리, 사투리의 유무, 강조, 억양 등 지엽적인 부분도 매우 중요하다. 어떤 이들을 보면 발표나 연설의 귀재다. 듣고 있으면 정말 감탄이 나온다. 그들은 시끄러운 주변을 침묵시키고, 열심히 귀 기울이게 할 힘을 가지고 있다. 도대체 그들은 무엇이 다를까? 어떻게 모두를 집중시킬 수 있는 힘을 지니게 됐을까? 말하는 내용이 훌륭하기 때문일까? 누구도 반박할 수 없는 정확한 증거를 내세우고 있기 때문일까?

나도 그들의 말에 매료된 사람 중의 하나이지만, 집에 돌아와서 왜 그렇게 매료당하는가를 생각해본 일이 있다. 하나하나 다시 곱씹어보니 놀랍게도 내용은 거의 없고, 주제도 설득력이 없는 때가 잦았다. 예컨대 그 연설의 알맹이보다는 겉으로 드러난 허식에 매료된 것이었다. 아무런 꾸밈이 없는 논리 정연한 화술은, 두세 사람 모이는 사사로운 모임에서는 설득력도 있고, 매력도 있을지 모르겠다. 그렇지만 많은 사람을 상대로 하는 공적인 장소에서는 통용되지 않는다.

우리는 연설을 들을 때 어떤 가르침을 받기보다는 아름답게 들을 수 있는 편을 택한다. 원래 가르침을 받는다는 것은 그다지 기분 좋은 일은 아니다. 내가 한 수 접고 들어가야 하는 일이기 때문이다. 그러니 때와 상황에 따라서 어떻게 말하는 것이 더 효과적인지, 어느 부분을 갈고닦아야 하는지 앞으로 잘 생각해보길 바란다.

사람을 이롭게 하는 말은 솜처럼 따뜻하지만
사람을 상하게 하는 말은 가시처럼 날카롭다.
한마디 말이 잘 쓰이면 친금과 같고
한마디 말이 사람을 해치면 칼로 베는 것과 같다.

- 명심보감

1년 동안 돈의 사용을 기록해라

앞으로 너도 스스로 돈을 벌고 쓸 텐데, 어디에 가치를 두고 돈을 쓰면 좋은지 알아두었으면 한다. 그러면 너도 계획을 세우기가 쉬워질 것이다. 나는 공부에 필요한 비용, 사람과의 교제에 필요한 비용은 단 한 푼도 아까워하지 않는다.

공부에 필요한 비용이란, 필요한 책을 사는 돈과 우수한 선생에게 배우는 돈을 말한다. 사람과의 교제에 필요한 비용은, 상대에 따라서 달라지기도 한다. 친구와 시간을 보내는 데 쓰는 비용과 지적인 교류를 위해 쓰는 비용이 있다. 친구와 영화를 보러 간다든지, 밥을 먹는다든지 혹은 독서 모임의 참가비라든지, 신세를 진 분에게 드릴 선물을 산다든지 여러 가지가 있다. 나는 이와 같은 비용은 기꺼이 쓸 수 있다. 그러나 내가 절대로 돈을 쓰지 않는 것이 있다. 나는 돈을 게으름의 대가로 쓰지 않는다.

조금만 서두르면 되는 걸 늑장을 부려서 택시를 탄다든지, 수업을 신청해놓고 가지 않아 추가비용을 낸다든지 하는 일은 절대 하지 않는다.

현명한 자는 돈도 시간과 마찬가지로 헛되게 쓰지 않는다.

단 백 원의 돈도, 단 1분의 시간도 헛되게 쓰지 않는다. 자기나 사람들을 위해서 유익한 것, 지적인 기쁨을 얻을 수 있는 것에 쓴다. 그러나 어리석은 자는 다르다.

어리석은 자는 필요치 않은 것에 돈을 쓰고
정작 필요한 것에는 돈을 쓰지 않는다.

예를 들어, 가게 앞에 진열된 잡동사니를 그냥 지나치지 못하
는 이가 있다. 이미 갖고 있는 물건이나 필요치 않은 시시한 물
건들을 괜히 사들여 돈을 낭비한다. 방 안에 온통 잡동사니가 가
득해서 정말 필요한 것, 안온한 휴식을 주는 것을 둘 자리도 없
다. 그러면 왕창 버리고 또 사들인다. 어리석게도 이 악순환을
반복하는 것이다.

현명한 금전철학을 익혀라

너만의 금전철학이 있어야 한다. 돈은 세심한 주의를 기울여서 사용하지 않으면, 아무리 많이 있다가도 최소한의 생필품조차 살 수 없는 상태가 돼버리는 법이다. 그와는 반대로 아주 적은 돈밖에 없어도, 자기 나름대로 금전철학을 가지고 주의해서 사용하면, 돈의 효율을 극대화할 수 있다.

물건을 살 때는, 필요하지도 않은데 값이 싸다는 이유만으로 사는 일이 없도록 해라. 그런 건 절약이 아니다. 오히려 돈을 낭비하는 것이다. 더욱이 필요하지도 않은데 값비싸다는 이유만으로, 즉 허영심을 채우려고 물건을 사는 것도 좋지 않다. 그리고 자기가 산 물건과 지불방법을 꼭 기억해두는 것이 좋다. 돈의 출

납을 파악하고 있으면 내 돈의 흐름이 보인다. 매달 어디에 얼마를 쓰고, 필요한 돈은 얼마인지 분명히 알게 된다. 그러면 파탄 나는 일이 없다.

이렇게 돈에 관해 기록하는 습관을 들이면 잘 관리할 수 있다. 당장 지금부터 네 돈의 사용을 기록해봐라. 분명 어딘가 구멍이 있을 텐데, 작은 구멍일 때 메우는 것이 중요하다.

사람들은 돈을 벌기는 어려워도
쓰기는 쉽다고 말한다.
그러나 돈을 잘 쓰는 방법이 훨씬 더 어렵다.

돈을 잘 쓰는 사람은 인생의 승리자가 되고,
그렇지 못한 사람은 패배자가 된다.

- 티베리우스 그라쿠스

모든 일은 마음에서 비롯한다

아들아, 너도 알다시피 너를 향한 나의 애정은 그 한계가 없다. 그렇기 때문에 네가 잘못된 방향으로 간다면 바로잡아주고, 결점이 있다면 관대하게 넘기고 싶지는 않다. 그게 부모의 의무라고 생각한다. 다행스럽게도 지금까지 너에게는 별로 이렇다 할 문제가 없구나. 다만 아쉬운 점은, 네가 어떤 면에서는 게으르고 무관심한 태도가 있다는 것이다. 물론 사람이 좀 풀어질 때도 있어야 하는 법이지만 그러다 보면 금방 습관이 돼버린단다. 그 균형을 잘 잡아야 하겠지.

괴테는 "내가 꿈꾸고 있는 것은 무엇이든 할 수 있다"고 했다. 나는 네가 이 말을 스스로에게 해봤으면 한다. 내가 볼 때 너는, 네가 꿈꾸는 것은 무엇이든 할 수 있거든. 지금 네게 있는 활기를 잘 활용한다면 말이다. 사람은 의욕과 활기가 있어야 행동할 수 있다. 그다음에는 인내와 끈기가 필요하다. 하고자 하는 의지, 불타는 열정, 그것을 지속할 꾸준함, 모든 것이 마음먹기에 달려 있는 것이다. 그러니 네가 할 수 있다는 것을 믿고, 끊임없이 스스로의 마음에 활력을 불어넣어라. 그러면 행동으로 이어질 것이다.

간절함 그 이상의 실천이 있어야 한다

사람은 열심히 노력만 한다면 누구든지 자신이 마음먹은 바를 이룰 수 있다고 나는 믿는다. 평범한 재능을 가진 사람이라도, 자신의 능력을 발전시키기 위해 부지런히 노력한다면 목표를 이룰 수 있다. 너 또한 앞으로 네가 이루고자 하는 것을 향해 열심히 달려 나갈 테지. 자기가 무엇을 해야 하는지 잘 알고 있으면서도 실천하지 않는 것은 게으름의 증명일 뿐이다. 게으른 사람은 일을 끝까지 성취하려는 노력을 하지 않는다. 조금만 까다롭거나 아프면 쉽게 좌절해버린다. 목표를 성취하기 직전에 이르러서도 곧잘 포기하고, 결과적으로 표면적인 지식을 얻는 것에 만족해버린다. 하지만 가치 있는 것을 성취하는 일에는 어려움이 따르기 마련이다.

실제로 실패의 경험이 그다지 많지 않아도, 무슨 일을 하든지 지레 겁부터 먹어버린다. 시도하기 전에 미리 불가능하다고 결정지어 버린다. 그러고는 자신의 태만을 변명하기 위해, 열심히 노력했지만 할 수 없었다고 한다.

하지만 너도 알다시피 꿈은 꾸기만 한다고 이루어지는 것이 아니다. 간절히 바라는 마음으로 실천하고, 또 실천해야 이루어지는 것이다. 그러므로 어렵거나 힘들어 보여도 결코 처음부터 포기해서는 안 된다. 더욱 용기를 내어 반드시 이루고야 말겠다는 다짐을 다져야 한다. 그런 의지 없이 어떻게 이 험한 세상을 살아갈 수 있겠니?

네가 다른 사람에게 바라는 일을
먼저 그에게 베풀어라.

3장

관계에 관하여

친구는 내 인생의 나침반이다

사람은 절친한 친구로부터 어떤 부탁을 받으면 여간해서는 냉정하게 딱 잘라 거절하지 못한다. 만약 싫다고 하면 오히려 내 체면이 깎이는 것 같은 느낌이 들 때도 있다. 무엇보다도 친구에게 미안함이 들어 마음이 괴롭다. 때로는 친구의 청을 거절했다고 해서 동료에게 따돌림을 당할까 염려가 되기도 한다. 이 모든 것은 상대방의 뜻을 존중하고, 배려하고, 기쁘게 해주려는 생각에서 비롯한 것이다. 다만 진정한 친구 사이라면, 이런 염려들을 할 필요가 없을 것이다.

'이름만 우정'에 속지 말라

새로운 환경에 가면 여러 부류의 사람들이 있을 것이다. 그

들과 금방 친밀해지고 친구가 될 수도 있겠지만, 대부분 그렇지 않다. 사람 관계라는 게 그렇게 간단히 맺어지지가 않는다. 진정한 우정은 더더욱 그렇다. 오랜 시간을 들여서 서로에 대해 알아가고, 진정으로 이해할 때 가능해지는 것이다.

　이른바 '이름만 우정'이라는 것이 있다. 누구나 한 번쯤 이 가벼운 우정에 마음을 다치기도 한다. 이 우정은 뜨겁지만 금세 식어버리기 십상이다. 술을 마시거나, 게임을 하거나, 여러 가지를 함께 한다 해도 그 외에 깊은 대화나 다른 교류가 없다면 그것은 즉흥적인 우정이다. 말로는 자신들의 값싼 관계를 우정이라고 부르면서, 쓸데없이 돈을 빌려주거나 친구를 위한다고 소동에 끼어들어 싸움질하기도 한다.

　그러나 이런 관계에서는 조금만 수틀리면 손바닥을 뒤집듯이 상대편의 험담을 늘어놓기도 한다. 일단 사이가 벌어지면 두 번 다시 상대편을 생각해주는 일이 없다. 오히려 지금까지의 관계를 우롱하기도 한다. 그러니 네가 주의해야 할 것은, 함께 있으면 즐겁다고 해서 반드시 좋은 친구는 아니라는 점이다.

어떤 경우에도 적을 만들지는 마라

'친구를 보면 그 사람을 알 수 있다'는 말에 대해 어떻게 생각하니? 나는 어느 정도 일리가 있는 말이라고 생각한다. 스페인에는 그것을 정확하게 표현하는 속담도 있다.

가장 가까운 사람이 누구인지 가르쳐달라.
그러면 당신이 어떤 사람인지 알아맞혀 보겠다.

유유상종이라는 말이 있듯 부도덕하거나 어리석은 자를 친구로 두고 있다면, 나 또한 같은 부류로 의심받을 수 있다. 애초에 그런 부류가 접근해왔을 때 재빠르게 눈치채고 멀리할 수 있다면 참 좋겠지만 어려운 일이다. 거리를 두면서 서서히 멀어져야 하는데 주의해야 할 점이 있다.

점점 더 많은 사람을 만나게 되면, 친구로 삼고 싶지 않은 사람은 얼마든지 생긴다. 그렇다고 그때마다 상대를 적으로 만드는 것도 어리석은 짓이다. 내가 그런 입장이라면 적도 아니고 내 편도 아닌 중간적 관계를 택하겠다. 이것이 안전한 방법이다. 좋지 않은 행동은 미워해도, 인간적으로는 적대시하지 않아야 한다. 상대가 누구든 간에 항상 예의는 지켜야 하는 것이다. 무례할 정도로 완고하게 입을 닫아버리거나 하루아침에 관계를 끊어버리면, 오히려 내가 이상한 사람으로 보일 수 있다.

이로운 친구는 직언을 꺼리지 않고
언행에 거짓이 없으며
지식을 앞세우지 않는다.

해로운 친구는 허식이 많고
속이 비었으며 외모치레만 하고
부정적인 말을 달고 산다.

- 공자

사심 없이 대하고 진심을 보여라

아들아, 최근에 너는 어떤 사람들과 교제를 하고 있니? 인생의 한 시기를 같이 보내는 사람들이 어떤지 또한 매우 중요한 문제다. 앞으로 좋은 관계를 맺기 위해서 다음에 말하는 것들을 기억해두면 좋겠구나.

아래를 보지 말고 위를 보아라

먼저, 너보다 뛰어난 사람들과 사귀도록 노력해라. 훌륭한 사람들과 교제하다 보면 그들의 말과 행동을 닮아가게 된다. 거꾸로 자기보다 못한 사람과 교제할 때도 마찬가지다. 앞에서도 말한 바와 같이 인간은 교제하는 상대 여하에 따라서 변하는 법이다.

여기에서 내가 말하는 뛰어난 사람들이란, 집안이 좋다든가 지위가 높다든가 하는 의미는 아니다. 내실이 있는 사람, 인품이 훌륭한 사람, 사람들이 칭찬하는 사람을 말하는 것이다.

크게 두 부류가 있다. 첫 번째 부류는 사회적으로 뛰어난 사람들이다. 사회적으로 주도할 수 있는 위치에 있거나 인맥이 넓은 사람을 말한다. 두 번째 부류는 학문이나 예술에 뛰어난 재능을 지닌, 전문 분야에서 두각을 나타내는 사람들이다. 그렇다고 해서 자기 혼자서만 그렇게 생각하고 있어서는 안 된다. 다른 사람들이 모두 그렇게 인정하는 사람이어야 한다.

가지각색의 사람들 중에 앞으로 네 인생에 도움이 될 만한 이들은 누구일 것 같니? 이렇게 생각해보자. 네가 가진 사과보다 훨씬 더 많은 사과를 갖고 있는 사람과 조만간 네가 가진 사과까지 나눠줘야 될지도 모를 사람 중에 누가 네게 도움이 될까? 이런 의미에서 훌륭한 사람들과 어울리라는 것이다. 그들이 주축이 되는 집단에 들어갈 수 있다면 더욱 좋다.

물론 신분만 대단하다고 좋은 집단은 아니다. 신분이 아무리 높아도 머리가 텅 비어 있거나 상식적인 예의도 모르는, 아무짝에도 쓸모없는 사람이 있을 수 있기 때문이다. 만일 그러한 그룹에서 네게 러브콜을 보낸다면, 가끔 얼굴을 내미는 것도 나쁘지 않겠지. 그 일로 너에 대한 평판이 좋아지면 좋아졌지, 나빠지는 일은 없을 것이다. 그렇지만 그 사람들과 진정으로 교류하는 것은 생각해볼 문제다.

결점까지 칭찬하는 사람에게는 접근하지 마라

어떤 일이 있어도 피해야 할 것은 수준이 낮은 사람과의 교제이다. 인격적으로 수준이 낮고, 덕이 모자라고, 몰상식한 사람 말이다. 자기 자신은 아무것도 내세울 만한 장점이 없고 너와 교제하고 있는 것만을 자랑으로 삼고 있는 사람들이지. 그런 사람은 너와 가까워지기 위하여 너의 결점까지도 일일이 칭찬할 것이다.

혹시 주변에 그런 사람이 있니? 그런 사람은 멀리하는 것이 이롭다. 너는 내가 이렇게 당연히 일에까지 주의를 주는 것에 놀라고 있을지도 모르겠구나. 그렇지만 나는 이것이 전혀 불필요하다고 생각하지 않는다. 분별도 있고, 사회적 지위도 확고한 이들이 그런 수준이 낮은 사람과 교제하여 신용을 떨어뜨리고, 타락하는 것을 수없이 보아왔기 때문이다.

가장 문제가 되는 것이 허영심이다. 사람은 허영심 때문에 어리석은 행동을 저지른다. 자기보다 수준이 낮은 사람과 교제하는 것도 이 허영심 때문이다. 사람은 누구나 자기가 속한 그룹에서 으뜸이 되기를 바라는 법이다. 동료로부터 칭찬을 받고 싶고, 존경을 받고 싶고, 멘토가 되고 싶어 한다. 대단하다는 둥 탁월하다는 둥 시시한 찬사에 목을 매다가 수준 낮은 사람과 사귀게 되는 것이다.

그 결과, 자신도 그들과 똑같은 수준이 돼버리고 만다. 뒤늦게 좀 더 훌륭한 사람과 교제하려고 해도 그 뜻과는 이미 너무도 멀어진다.

다시 말하건대, 사람은 교제하는 상대에 따라 똑같은 수준까지 올라가기도 하고 내려가기도 한다. 오늘 어떤 사람과 어떤 이야기를 나눴는지가 내 말과 행동에 영향을 준다. 내 생각과 가치관에도 영향을 준다. 그러니 언제나 함께 어울리는 사람들을 심사숙고해서 결정하는 것이 좋다.

학문을 좋아하는 자와 함께 가면
마치 안개 속을 걷는 것 같아서
비록 옷은 젖지 않더라도
때때로 물기가 배어든다.

무식한 자와 함께 가면
마치 뒷간에 앉은 것 같아서
비록 옷은 깨끗할지라도
그 냄새가 배어든다.

- 공자

사소한 것일수록 특별한 배려가 된다

남을 화나게 하기보다 기쁘게 하고 싶고, 욕을 얻어먹기보다 칭찬을 받고 싶고, 미움을 받기보다 사랑을 받고 싶으면, 항상 상대방에 대한 배려를 잊어서는 안 된다. 배려하기 위해서는 그만큼 상대방을 잘 알아야 한다. 예를 들어, 사람에게는 제각기 특성이 있다. 취향, 취미, 버릇, 좋아하는 것, 싫어하는 것 등이 있다. 먼저 그것들을 유심히 관찰하는 것이다. 그리하여 좋아하는 것은 내놓고, 싫어하는 것은 감추는 것이다. 이것이 바로 상대방의 마음을 여는 배려다.

이와는 반대로, 싫어하는 것을 알고 있으면서도 부주의로 그것을 내놓는 일 따위를 한다면 결과는 명백하다. 상대방은 무시당했다고 오해하거나, 푸대접받았다고 생각하여 언짢은 감정을 품게 될 것이다. 배려는 아주 사소한 것이라도 좋다. 사소한 것이면 사소한 것일수록 상대방은 특별한 배려라고 느낀다. 너도 누군가 아주 사소한 배려를 해줬을 때 얼마나 기뻤는지를 기억해보렴. 오직 그 사소한 배려 하나로 인해, 그 사람에 대한 호감이 생기고, 그 사람이 하는 말과 행동 모두를 긍정적으로 받아들이게 되지 않았니?

상대방이 칭찬받고 싶어 하는 것을 칭찬해라

특정한 사람의 마음에 들고, 특정한 사람과 친구가 되고 싶다면, 그 사람의 장점과 단점을 잘 파악해보렴. 그중에서 그 사람이 칭찬받고 싶어 하는 것이 있는지 알아보렴. 그 부분을 칭찬하는 것이 무엇보다 효과적인 방법이 될 수 있다. 사람에게는 실제로 우수한 부분과 우수하다고 인정을 받고 싶은 부분이 있다. 그것을 잘 봐뒀다가 좋은 타이밍에 칭찬하면 아주 효과적이다.

예를 들자면, 정치가이자 추기경인 리슐리외의 경우가 있다. 그는 훌륭한 정치가로 인정받는 사람이었지만 그 명성에 만족하지 못했다. 시인으로서도 인정받고 싶다는 생각을 가지고 있었기 때문이다. 위대한 극작가이자 시인인 피에르 코르네유의 명성을 질투하여 다른 평론가로 하여금 억지로 혹평을 쓰게 한 일도 있었다.

이런 리슐리외를 간파한 자들은 이 부분을 이용했다. 그와 만날 때면, 정치 수단에 관해서는 거의 언급하지 않거나 극히 형식적인 범위에서 언급하고, 시인으로서의 재능을 몹시 칭찬했던

것이다. 그들은 그렇게 하는 것이 리슐리외의 호감을 사는 최고
의 방법이라는 것을 알고 있었다.

우수한 부분을 칭찬받는 것은 기쁘지만,
그 이상으로 기쁜 것은 우수하다고
인정받고 싶은 것을 칭찬받는 일이다.
이보다 더 만족감을 주는 것은 없다고 해도 좋다.

누구나 남으로부터 인정을 받고, 칭찬을 받고 싶어 하는 측면
이 있다. 그것을 발견하기 위해서는 상대방이 대화에서 주로 무

슨 이야기를 하는지 살펴보면 된다. 대개는 자기가 관심 있는 주제나 일상에 대해 말하다가, 대화가 깊어지면 요즘 어디에 시간을 쏟고 있는지, 무엇을 잘하려고 노력 중인지도 이야기할 것이다. 그쪽으로 대화를 유도해도 좋다. 그렇게 상대가 가장 듣고 싶어 하는 칭찬을 하면 되는 것이다.

뒤에서 칭찬하는 것의 위력

칭찬의 효과를 극대화하는 방법 중 하나는 바로 뒤에서 하는 것이다. 그렇다고 해서 언제까지고 뒤에서 칭찬하는 것만으로는 의미가 없다. 그것이 칭찬한 상대방에게 확실히 전해져야 한다. 그래서 칭찬한 것을 전해줄 만한 사람도 있어야 한다. 그 말을 전달함으로써 득을 볼 사람을 찾으면 된다. 그렇게 하면 확실히 전해질 뿐만 아니라, 어쩌면 과장해서 칭찬해줄지도 모른다. 독일 속담 중에 '친구를 칭찬할 때는 널리 알도록 하고, 친구를 책망할 때는 남이 모르게 하라'는 것이 있다. 뒤에서 칭찬하는 방법은 그 효과를 한층 더 극대화하는 방법이다.

서로에게 러닝메이트가 돼주는 것

사회에서는 신중하게 관계를 맺는 것만큼이나, 그것을 잘 유지하는 것도 중요하다. 관계에 시간과 노력을 더하면 점점 더 깊은 관계가 형성된다. 서로에게 정신적인 지지를 주거나, 실질적인 도움을 주는 관계로 발전하는 것이다. 내가 말해주고 싶은 것은 이때 어떤 관계에 시간과 노력을 더하면 좋은지에 대해서다. 친분 관계는 둘로 나뉜다. 이 차이를 잘 알아뒀다가 항상 염두에 두고 행동하기 바란다.

첫째는 대등한 관계다. 이 관계는 자질이나 역량이 거의 비슷한 두 사람이 구축하는 호혜적인 관계로, 비교적 자유로운 교류와 정보 교환이 이루어진다. 이것은 서로의 능력을 인정하고, 상대편이 자기를 위해서 자진하여 힘써준다는 확신이 없으면 성립되지 않는다. 그 밑바탕에 흐르고 있는 것은 상대편에 대한 존경심이다. 거기에는 절대 파괴되지 않는 신뢰가 있어서, 때때로 이해가 대립하여도 조금씩 서로 양보하면, 최종적으로 합의가 이루어지고 행동을 통일하게 된다. 너에게도 이러한 관계를 맺을 사람이 있었으면 좋겠구나. 네게 거의 같은 시기에 사회에 진출한, 대등한 능력과 집중력이 있는 동료가 있다면, 서로에게 큰 도움이 될 것이다. 함께 발전해 나갈 수 있는 좋은 활력소가 될 것이다.

둘째는 대등하지 않은 관계다. 한쪽에는 지위나 재산이 있고, 또 한쪽에는 소질과 능력이 있는 경우다. 이 관계에서는 도움을 받을 수 있는 것은 한쪽뿐이고, 그것도 표면에 나타나지 않도록 교묘하게 덮여 있는 경우가 많다. 도움을 받는 쪽은 상대편의 비위를 맞추고, 그의 마음에 들도록 행동하면서 자신에게 필요한 것들을 챙긴다. 베푸는 쪽에서는 이 관계의 핵심을 자기가 잘 이끌고 있는 줄 알지만, 사실은 자기 혼자만 그렇게 생각하고 있을 뿐, 상대가 마음먹은 대로 춤추고 있다. 어떻게 생각했을 때는 이것도 능력이라면 능력이라고 할 수 있겠지. 하지만 언제까지고 그 균형을 유지할 수 있을까 싶다.

현명한 친구는 보물처럼 다루어라.

인생에서 만나는
수많은 사람의 호의보다

한 명의 진실된 친구에게
얻는 인정이 더 유익하다.

- 발타자르 그라시안

좋은 라이벌은 성장의 원동력이 된다

싫어하는 사람을 어떻게 대해야 하는가 또한 삶에서 중요한 부분이다. 네게 용서하지 못할 짓을 저지른 이는 생각할 필요도 없지만, 그저 나와 성격이 맞지 않아서 가까이하고 싶지 않은 이에게는 예의를 지킬 필요가 있다. 그러한 이와 잘 지내기 위해서는 어떻게 해야 하는지 생각해본 적이 있니? 알고 있어도 막상 실천하려고 하면 여간해서 어려운 일이다.

사람이 사람을 싫어할 때는 이유가 있다. 누군가 근거 없이 너를 비판하거나 무례한 태도를 보여서가 대부분일 테지만, 이런 경우라면 어떻게 하겠니? 누군가 너와 경쟁 구도에 놓이게 될 경우 말이다. 라이벌 관계라고도 하지. 나는 이 라이벌 관계에 대해 이야기해보고자 한다. 일단 처음에는 자신에게 그러한 상대가 있다는 것 자체만으로 사사건건 신경이 쓰일 테지. 어쩌면 적과 다름없다고 여길지도 모르겠다. 라이벌이 눈앞에 나타나면, 애써 노력해서 잘 행동한다 해도 어색하고 냉담한, 대개는 무례한 태도를 보인다. 아니면 애초부터 어떻게 해서든지 상대를 넘어뜨릴 생각만 한다. 이것이 이기는 방법 같겠지만 터무니없는 행동에 불과하다. 상대에게도 열심히 임할 권리가 있다. 그것을 짓밟는 발상은 통찰력이 부족하다는 증거다.

**라이벌에게 냉담하게 대한다고 해서
자기 소원이 성취되는 것이 아니다.**

라이벌끼리 으르렁대고 싸우고 있는 틈에 제삼자가 들어와서 알맹이를 빼앗아가는 일도 일어날 수 있다. 물론 이 경쟁사회에서 서로 윈-윈하는 관계를 형성하는 게 그리 간단하지만은 않을 것이다. 서로를 나쁘게 의식하지 않고, 성장에 도움이 되는 존재로 여긴다는 게 참 어려운 일이니 말이다. 누군가 조언을 해준다 해도 티끌만큼도 간섭받고 싶지 않은 미묘한 문제임은 틀림없다.

한 가지 예를 들어보자. 가령 두 사람의 연적이 한 사람의 마음을 얻기 위해 매일 피터지게 싸운다고 해보자. 두 사람이 서로 마주칠 때마다 불쾌한 얼굴을 하고 외면하거나 욕지거리를 하고 있으면, 그 자리에 있는 사람들은 마음이 불편해질 것이다. 그리고 그들이 사랑하는 사람도 곤혹스러울 것이다. 그런데 한쪽이 진심은 다를지라도 상냥하고 존중하는 태도로 연적을 대한다면 어떻게 될까? 다른 한쪽의 인물이 초라하게 보여 상냥하게 대응하는 쪽에 호의를 갖게 될 것이다. 이것이 이기는 방법이다. 자기의 감정을 누르고, 겉으로 냉정해질 수 있는 사람이 라이벌을 이긴다.

멀고도 가까운 라이벌 사이

프랑스에는 '은근한 태도'라는 말이 있다. 라이벌에게 노골적으로 감정을 드러내는 속 좁은 인간에게는 특히 상냥한 태도로 대하라는 뜻으로 즐겨 쓴다. 이에 적절한 이야기가 하나 있다.

내가 네덜란드 헤이그에 가서 오스트리아 계승 전쟁에 대한 참전을 요청할 때의 일이다.

그 당시 그곳의 대수도원장이 프랑스 편에 서서 어떻게 해서든지 네덜란드의 참전을 저지하려 하고 있었다. 나는 일찍이 이 대수도원장이 두뇌가 명석하고, 마음도 따뜻하며, 근면한 인물이라는 이야기를 전해 들은 바 있었다. 서로 오랜 숙적으로 깊게 사귈 수 없는 처지를 몹시 유감스럽게 생각하고 있던 차에 만나게 된 것이다. 처음으로 그를 보았을 때 나는 이렇게 말했다.

"나라끼리는 서로 적대 관계에 있습니다만, 우리라면 그것을 초월하여 서로 가까이 지낼 수 있다고 생각합니다."

대수도원장은 자신도 그렇게 생각한다며, 진중한 태도로 대답해주었다. 그로부터 이틀 후에 암스테르담 의회에 나갔을 때 다시 대수도원장을 만났다. 나는 대수도원장과 면식이 있다는 것을 대의원들에게 이야기하고서 부드러운 미소를 지으며 이렇게 말했다.

"나의 오랜 숙적이 여기에 계신 것을 보고 대단히 유감스럽게 생각하고 있습니다. 이렇게 말씀드리는 것은 이분의 능력이 이미 나에게 공포심을 품게 했기 때문입니다. 이래서는 공평한 싸움이 되겠습니까? 부디 여러분은 이분의 힘에 저처럼 굴복하지 마시고 이 나라의 이익만을 생각하시길 부탁합니다."

나의 말에 그 자리에 있던 사람 모두가 미소 지었다. 대수도원장도 나로부터 정중한 찬사를 받은 것이 그리 싫지 않은 모양이었고, 15분쯤 지나자 나를 남기고 그 자리를 떠났다.

나는 사람들을 계속 설득했다. 전과 다름없는 태도로, 그렇지만 전보다는 더 진지하게. 그리고 내가 원하는 결과를 얻을 수 있었다. 그 후 대수도원장과도 친분을 쌓고 교제하고 있다. 지금도 변함없이, 서로 정중한 태도로 대면한다.

라이벌에게도 항상 정중해라

훌륭한 사람은 라이벌에 대해서 이런 태도를 취한다. 극단적으로 상냥하게 대하든지, 아니면 그를 굴복시켜 버린다. 만일 상대가 갖가지 술수를 써서 고의적으로 너를 모욕하거나 경멸한다면 주저할 것 없다. 너 또한 굴복시켜도 좋다. 그렇지만 스크래치를 입은 정도라면 겉으로는 예의 바르게 행동해라. 그렇게 하는 것이 상대에 대한 복수이자 너 자신을 위한 일이다.

상대가 너를 은근히 깎아내릴 때도 정중하게 대응하는 것이 유리하다. 다른 사람들 눈에 더욱 올곧은 사람으로 보일 것이다. 세상에는 개인적인 감정이나 질투 때문에 주위를 어지럽게 해서는 안 된다는 약속 같은 것이 있기 때문이다. 그것을 태연히 침해하는 자는 무례한 사람이라는 평판이 쌓여 손해를 보게 될 것이다. 제 얼굴에 침 뱉기를 하는 것과 다름없다.

사회는 심술궂음, 증오, 원한, 질투 등이 소용돌이치는 곳이다. 열심히 노력하기보다는 남이 공들인 열매를 노리는 교활한 사람도 수두룩하다. 또 흥망성쇠도 심하다. 오늘 흥했는가 싶으면, 내일 망하기 일쑤다. 같은 편이 언제 적이 될지 모르며, 적도 .언제 같은 편이 될지 모른다. 그러므로 마음속에 미워하는 마음 이 있을지라도 겉으로는 신중을 기하는 것이 필요하다.

상대방의 자존심도
너의 자존심만큼 중요하다

너는 평소에 주변 사람들에게 어떤 말을 듣니? 친절하다거나, 배려심 깊다거나, 세심하다거나, 매력적이라는 말을 듣니? 그 반대의 말을 듣지는 않았으면 좋겠구나. 그러려면 주변 사람들을 잘 살필 줄 아는 주의력이 필요하단다. 주의력이 부족하면, 네가 그 사람의 생각이나 반응에 대해 전혀 신경 쓰지 않고, 심지어는 무시한다고 해석할 수도 있거든.

자주 이야기했지만, 세상에는 무시해도 좋을 만큼 쓸모없는 사람은 없다. 물론 이 세상에는 어리석은 사람, 칠칠치 못한 사람, 똑똑하지 못한 사람들도 있다. 나는 그런 사람들을 존경하라고 말하지는 않겠다. 그러나 그런 사람들을 무시해서도 안 된다. 노골적으로 무시하고 바보 취급하다가는 오히려 자기 신세를 망칠 수도 있다.

누군가를 좋아하거나 싫어하는 건 네 자유지만, 굳이 그런 마음을 드러낼 필요까지는 없다. 특히 상대방을 좋아하지 않는 자신의 솔직한 마음을 숨기는 것은 결코 비겁한 일이 아니다. 오히려 현명한 태도라고 할 수 있다. 왜냐하면 그런 사람이라 해도 살아가다 보면 언젠가는 너에게 힘이 되어줄 때가 있을지도 모르기 때문이다.

그럴 때 네가 단 한 번이라도 그 사람을 무시한 적이 있다면 상대방이 어떻게 나오겠니? 실수는 용서받을 수 있을지라도 모욕은 용서받을 수 없다. 사람은 누구나 자존심이 있고, 그 자존심은 저마다 존중받아야 한다. 친근한 사이에서도 존중하는 마음을 저버린다면, 숨겨두고 싶은 약점이나 결점을 노골적으로 건드리는 일로 연결되기도 한다. 참 괴로운 일이지. 실제로 우리는 내 약점이나 결점을 다른 이에게 쉽게 털어놓을 때가 있다. 그러나 결국 그 일을 후회하게 된다. 의도하든 의도치 않든 그것을 건드리는 일이 벌어지기도 하거든.

약점은 자기 스스로 말을 하든 남에게 지적을 받든, 둘 다 자존심에 깊은 상처가 된다. 어떤 사람이라도 모욕을 당하게 되면 그것에 분개할 만큼의 자존심은 있다. 그러므로 평생의 적을 두고 싶지 않거든, 아무리 모욕을 받아 마땅한 인간이라고 생각되더라도 그것을 겉으로 드러내서는 안 된다.

누구나 잘못을 저지르지 않는 사람은 없다.
문제는 그 잘못을 고치느냐 않느냐에 있다.

자기의 잘못을 변명하고
합리화하는 것보다
곧 자기 잘못을 인정하고, 고치며,
자신의 귀중한 경험으로 삼아야 한다.

- 논어

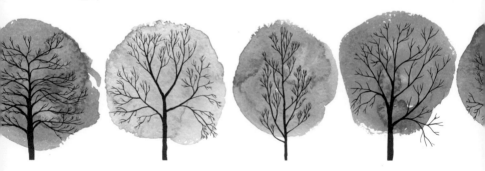

진정한 친구를 찾지 말고
네가 그런 친구가 되어라

이 세상에 적이 없는 사람은 없고, 모든 이에게 사랑받는 사람도 없다. 나의 오랜 경험으로 말하자면, 친구가 많고 적이 적은 사람이 이 세상에서 가장 강한 사람이다. 그런 사람은 원한을 사거나 질투를 받는 일이 좀처럼 없으므로 누구보다도 빨리 출세하게 된다. 또한, 어려움이 생기더라도 사람들의 동정과 도움을 받는다. 누구나 이런 사람이 될 수 있는 건 아니다. 무수한 노력이 필요한 일이다. 하지만 분명 노력해볼 가치가 있는 일이다.

사람은 머리가 아니라 배려로 자신을 지킨다

아일랜드의 정치가 오몬드 공작의 이야기를 해주고 싶구나. 예의범절에 관해서는 그보다 앞선 사람이 없거든. 아주 훌륭한 인품을 자랑했던 분이다. 그분은 본래 친절하고 상냥한 성격인데다가 궁정 생활과 군대 생활에서 몸에 익힌 유연한 말과 행동, 자상한 배려심이 있었다. 그 매력은 그의 단점까지도 보충하고도 남을 정도였단다. 누구에게도 유능하다는 평가는 받지 못했으나 누구에게서든 사랑을 받았다.

그 인품이 어느 정도였는지 뚜렷하게 나타난 때는, 앤 여왕이 죽은 후 여러 사람들이 탄핵 재판을 받게 되었을 때였다. 당시 정당 간에 벌어진 치열한 다툼 때문에 오몬드 공작 또한 동조 혐의로 탄핵을 받았다. 하지만 그 의의는 그를 정말 처벌하려는 것보다는 형식적인 절차에 가까웠다. 오몬드 공작 탄핵 결의안은 다른 사람에 대한 탄핵안에 비하자면 아주 적은 찬성표로 상원을 통과했다.

그 이후로도 사람들은 어떤 교섭이나 결의안을 두고서 의견이 갈리면, 오몬드 공작을 자기 편으로 끌어들이려는 쟁탈전을 벌였다. 오몬드 공작의 특권 박탈이 가결되었을 때도 그에 대중이 항의하는 대소동이 있었다. 공작에게 척을 진 사람은 없는 반면, 호감을 갖고 있는 사람이 몇천 명이나 있었기 때문이다. 모든 것이 그의 성품 덕분이었다. 남을 기쁘게 해주고자 하는 마음씨를 배려로 실천한 덕분이었다.

사랑받고자 하는 노력을 게을리하지 마라

내가 만약 인생을 다시 산다면, 나는 인생 대부분을 될 수 있는 대로 많은 사람으로부터 사랑받을 수 있도록 노력하는 데 쓸

것이다. 공자는 말했다.

자기 자신을 존중함과 같이 남을 존중해야 한다.
남이 자기 자신에게 해주기를 원하는 것을
남에게 먼저 실천하는 사람은
진정한 사랑을 아는 사람이다.
이 세상에 그보다 가치 있는 것은 없다.

내가 지금까지 만난 사람 중에는 겉으로 보기에는 아름답지
만, 도무지 좋아지지 않는 사람이 많이 있었다. 왜 그런지 너는

알 것이다. 그 사람들은 자기의 아름다움과 능력만 믿고 다른 사람들을 배려 없이 대했다. 스스로 자초한 일이지. 나는 별로 아름답다고는 말할 수는 없지만 기품이 넘치고, 남을 기쁘게 해주며, 배려심이 깊은 사람을 좋아했다. 그런 이들은 아무리 시간이 흘러도 큰 사랑을 받는다.

다른 사람의 마음을 움직이는 방법

실제로 사람의 마음을 움직이려면 어떻게 하면 좋을까? 이것에 대해 다음에 몇 가지 항목으로 정리해본다. 너에게 참고가 된다면 좋겠구나.

좋은 인상은 좋은 자세에서 비롯한다

너는 사람을 만날 때 어떤 인상을 주고 싶니? 사회에서는 첫인상이 매우 중요하다. 좋은 인상을 주려면 외모, 표정, 목소리에 신경 써야 한다는 것은 너도 이미 알고 있겠지. 그다음은 실질적으로 대면하여 대화가 이루어질 때의 자세다. 보통 처음 만나는 자리에서는 긴장해서 위축돼 버리는 사람이 있는가 하면, 부자연스럽게 등을 세우고 딱딱한 자세로 앉는 사람도 있다. 조심성 없는 성격의 사람은 의자에 온 체중을 맡기듯 기대어 앉는다. 이런 자세는 친밀한 사이가 아니면 좋은 인상을 주지 못한다. 허리를 펴서 바른 자세로 앉되, 너무 몸에 힘을 줘서 꼿꼿이 세울 필요는 없다. 그대로 숨을 한 번 내쉬었을 때 편안해지는 그 자세면 된다. 네가 이야기를 들을 준비가 돼 있다는 것을 자세로 표현하는 것이다. 이렇게 사소한 동작 하나가 사람의 마음을 사로잡는 것이다.

직장에서도 마찬가지다. 예를 들어, 네 의견을 어필한다든지, 외부 사람과 만날 때에도 바른 자세와 흔들림 없는 시선이 중요하다. 네가 침착하지 못하면 그런 너를 상대하는 사람도 동요하게 된다. 다소 긴장되더라도 네 몸이 어디를 향해 앉아야 하고, 어떤 인상을 줘야 하는지 되새기면서 행동해라. 일상에서는 커피 한 잔을 마시더라도 찻잔 속에서 커피가 출렁거리는 일이 없도록 해라.

옷차림에서도 그 사람의 인격이 드러난다

사람들은 옷차림을 보고 그 사람의 인품을 상상한다. 나의 경우, 복장에서 조금이라도 뽐내는 느낌이 들면 그 사람의 사고 방식도 그렇지 않을까 생각한다. 지나치게 화려한 복장을 한 사람을 보면, 내실이 보잘것없다는 것을 감추려고 일부러 위압적인 차림을 한 듯 보인다. 한편, 옷차림에 전혀 신경을 쓰지 않는 것 같은 사람도 부주의한 성격으로 짐작된다. 분별이 있는 사람은 복장에 개성이 나타나지 않도록 마음을 쓰는 법이다. 자기만 특별하게 눈에 띄는 옷차림을 하지 않는다.

옷차림이 지나치게 화려하면 들떠 보이고, 초라하면 복장에 신경을 쓰지 않는 것이 되어 실례다. 네 나이에는 초라하기보다는 조금 화려한 정도가 좋다. 나이가 들수록 옷차림은 조금 수수해지지만, 초라해 보이는 것은 비참하다. 그러므로 주위 사람들이 화려한 옷차림을 하고 있을 때에는 자신도 화려하게, 간소하게 하고 있을 때에는 자신도 간소하게 입는 것이 좋다. 때에 따라 다른 차림을 할 수 있어야 한다는 것이다.

다만 언제나 바느질이 잘돼 있는, 몸에 꼭 맞는 옷을 입어라. 그렇지 않으면 부자연스럽고 어색한 느낌이 든다. 또 그날의 복장을 결정하고 그 옷을 입었으면, 두 번 다시는 복장에 대해서 생각하지 마라. 조화가 괜찮은가, 색깔이 잘 맞지 않는가 등을 생각하고 있으면 동작이 딱딱해진다. 일단 입고 난 후에는 옷에 신경 쓰지 말고 자연스럽게 행동해라.

그리고 머리에도 신경을 써야 한다. 머리 모양은 복장의 일부이다. 또 깨끗한 양말과 깨끗한 신발을 신어야 한다. 머리도 단정하고 복장도 말쑥한데, 신발이 더럽다면 사람들은 그것만 본다. 남에게 좋은 인상을 주려면 청결이 특히 중요하다. 이는 매일 식사 후마다 반드시 닦고 있니? 매너도 매너지만, 나중에 치아 건강이 좋지 않아 고생할 수도 있다. 나는 젊었을 때부터 치아에 신경을 쓰지 않아서 지금은 엉망이다. 후회가 된다.

마음은 마음으로 통한다

　보통 사람은 조금이라도 자기 용모에 만족스럽지 않은 점이
있으면 그것을 숨기고 보충하기 위해 필사적인 노력을 하는 법
이다. 그다지 잘생기지 못한 용모로 태어난 사람이라면 더욱 그
렇다. 조금이라도 좋게 보이려고 고상하게 행동하고, 상냥하게
미소를 지어 보이기도 하는 등 눈물겨울 만큼 노력한다.

　내가 알고 있는 어떤 이는 처음 사람들 앞에 나서게 됐을 때
거울 앞에서 표정과 동작을 연습하다가, 사람들에게 들켜 웃음
거리가 된 적이 있었다. 나는 그의 행동이 결코 웃을 일이라고
생각하지 않는다. 오히려 그가 참 현명하다는 생각까지 했다. 그
는 알고 있었던 것이다. 사람들 앞에 나섰을 때 표정과 동작이

얼마나 중요한지를 말이다. 너 또한 이 점을 중요하게 여겼으면 좋겠구나. 그렇다고 하루 종일 거울 앞에 서서 연극 대사를 연습하듯 하라는 것은 아니다. 다만 필요하다면 거울을 통해서 네 모습을 점검해보는 것도 좋은 방법이다.

표정은 미소를 짓는 듯한 느낌을 주면 좋겠다. 누군가와 눈이 마주치면 살짝 미소를 지어 보여도 좋다. 사실 표정이 그렇게 나타나려면 마음에서부터 우러나와야 한다. 마음은 마음으로 통한다고, 마음에서 우러나온 표정이어야 사람들의 마음을 사로잡을 수 있는 것이다.

모든 사람의 얼굴에는
그 사람이 온화한지,
아니면 실의에 잠겨 있는지를 파악할 수 있는
삶의 경력뿐만 아니라
앞으로의 인생관이 나타나 있다.

- 새뮤얼 테일러 콜리지

네가 허락하는 만큼
너는 놀라운 사람이 될 수 있다.

4장

스스로의 가치에 관하여

자신을 매력적인 장소로 만들어라

아들아, 예전에 너는 아주 작은 건축물이었단다. 시간이 흐르면서 재료가 쌓여 이제 그 골조가 거의 완성돼 가고 있다. 남은 일은 아름답게 마무리하는 것이다. 그것이 너의 임무이며, 또 나의 관심사다. 너는 온갖 우아함과 소양을 몸에 지녀야 한다. 그것들은 골조가 부실하다면 값싼 장식에 불과하지만, 골조가 튼튼하다면 건축물을 돋보이게 한다. 사실 건축물에서 아무리 골조가 단단하다 해도 아무런 장식이 없으면 매력이 반감되기도 한다. 그러므로 골조를 단단히 하되, 우아함, 매너, 소양 등을 챙기거라.

다채로움을 더하라

모든 건축 형식 중에서 가장 견고한 양식은 토스카나다. 하지만 동시에 가장 세련되지 못하고 멋이 없는 양식이기도 하다. 튼튼하다는 점에서 보면 건축물의 기초나 토대에는 안성맞춤이라고 할 수 있지만, 모든 건축물을 이런 양식으로 세워버린다면 어떻게 될까? 그 건물에 매력을 느끼는 사람은 아무도 없을 것이다. 그 앞에서 발길을 멈추는 사람도, 안으로 들어가는 사람도 없을 것이다. 건물의 정면이 멋없고 딱딱하니 나머지는 가히 짐작할 수 있겠지.

그런데 토스카나식의 토대 위에 도리스식이나 이오니아식, 코린트식의 기둥이 늘어서서 아름다움을 겨루고 있다면 어떨까?

건축 따위에는 전혀 흥미가 없는 사람이라도 무의식중에 눈을 빼앗기고, 아무 생각 없이 지나가던 사람이라도 발길을 멈추고 안을 들여다보고 싶어 할 것이다.

끌리는 사람이 지닌 것

여기 한 사람이 있다. 그는 지식이나 교양 면에서 딱히 내세울 만한 것이 없지만, 인상이 좋고 말하는 태도가 호감을 준다. 표정과 행동에 품위가 있고, 정중하면서도 붙임성이 있다. 한마디로 그는 자기 자신을 돋보이게 하는 재능이 뛰어난 인물이다.

또 다른 한 사람이 있다. 지식이 풍부하고 판단력도 정확한 사람이다. 하지만 그러한 자신의 장점을 빛나게 해줄 태도는 빠

져 있다. 그다지 품위 있지도, 정중하거나 붙임성이 있지도 않
다. 이 둘 중에서 과연 어떤 사람이 세상을 더 잘 헤쳐 나갈 수 있
을까?

별로 현명하다고는 할 수는 없지만, 사람들의 마음을 붙잡는
것은 언제나 겉모습이다. 그들에게는 예의범절이나 몸가짐 같은
사람을 대하는 방법이 가장 먼저 보이고, 가장 많이 보인다. 그
이상 안은 보려고 하지 않는다. 솔직히 말하자면 현명한 사람도
마찬가지다. 현명한 사람도 겉모습에서 마음이 움직이지 않는다
면 깊게 생각하지 않는 법이다.

언제 어디서나 품위를 잃지 마라

사람의 마음을 붙잡고 싶다면 먼저 오감에 호소하는 것이 중요하다. 그중 하나라도 마음을 사로잡는 부분이 있어야 그다음 과정도 있는 것이다. 그리고 그러한 마음의 끌림을 잠시 잠깐의 착각이나 호기심에 그치지 않게 하려면 한 가지를 꼭 갖추고 있어야 한다. 그것이 바로 품위다. 네게도 언제 어디서나 품위를 유지하라고 말하고 싶다. 똑같은 일이라도 품위를 느낄 수 있는 것과 그렇지 않은 것은 받아들이는 데 있어 하늘과 땅만큼 차이가 있다.

잠깐 생각해보렴. 침착하지 못하고, 옷차림도 단정치 못하고, 작은 목소리로 우물쭈물하거나, 동작에도 주의가 부족한 사람을 만났다면, 너는 그에 대해 어떤 인상을 받겠니? 그 사람의 내면까지 헤아려볼 생각이 들기 전에, 그 사람을 거부하고 싶은 마음이 들지 않을까? 그런데 그와는 반대로 말과 행동에서 품위를 느낄 수 있다면 어떨까? 그에게 마음을 빼앗기는 건 물론, 내면까지 알고 싶다는 생각을 하게 되지 않을까?

무엇이 그렇게 사람의 마음을 끄는지 딱 잘라 설명하기는 어렵다. 그렇지만 분명하게 말할 수 있는 것은 산뜻한 옷차림, 부드러운 몸짓, 절도 있는 태도, 듣기 좋은 목소리, 구김살이나 그늘이 없는 표정, 분명한 말솜씨 등 사소해 보이는 것 하나하나가 사람의 마음을 사로잡는다는 것이다. 적어도 나는 그런 것을 본다.

겸손한 사람은
사람들로부터 호감을 산다.

우리는 누구나
호감을 사는 사람이 되고 싶어 하지만
겸손한 사람이 되려고 하지는 않는다.

- 레프 톨스토이

어떤 사람이라도 너의 스승이 될 수 있다

사람의 마음을 사로잡는 행동은 누구나 몸에 익힐 수 있다. 훌륭한 사람들을 자세히 관찰하고, 그들이 하는 행동을 배워 내 것으로 만들면 된다.

우선 처음 보았을 때 왠지 모르게 호감을 느끼게 되는 사람이 있다면, 무엇이 그렇게 좋은 인상을 주고 있는가를 생각하기 바란다. 대개는 여러 장점이 한데 어우러진 경우가 많다. 겸손하면서도 당당한 태도일 수도 있고, 상냥하고 사려 깊은 말솜씨일 수도 있고, 우아한 몸의 움직임이나 절도 있는 옷차림일 수도 있다.

여하튼 그의 장점이 무엇인지 알았다면 우선 흉내를 내봐라. 그러나 자신의 개성까지 버리고 단지 흉내만 내서는 안 된다. 그림을 그리기 전에 다른 화가의 작품을 많이 살펴보듯이, 아름다움이라는 관점에서나 자유라고 하는 관점에서나, 결코 원작보다

뒤떨어지지 않도록 공들여서 모방해야 한다.

닮고 싶은 사람을 찾아라

많은 사람으로부터 인정받는 사람을 만나면 이것부터 살펴봐라. 윗사람에게는 어떤 태도로 말하고 행동하는가, 지위가 같은 사람과는 어떻게 교제하는가, 지위가 낮은 사람은 어떻게 다루는가를 주의 깊게 관찰하면 좋다. 사람들과 함께 있을 때는 어떤 태도인지, 주로 이야기하는 주제는 무엇인지 등을 잘 관찰하여 그대로 해보는 것이다. 그렇게 해보면 깨달을 것이다. 그 사람은 남을 가볍게 취급하거나 무시하지 않고, 자존심이나 마음에 상처를 주는 일도 절대로 하지 않는다는 사실을 말이다. 그와

동시에 상대방의 마음을 기쁘게 붙잡고 있다는 것도 알 수 있을
것이다.

뿌리지 않은 씨는 자라지 않는 법이다.
호감을 느낄 수 있는 인물도 정성을 다해 씨를 뿌리고
그 결실로 풍성하게 맺은
열매를 수확하고 있는 것뿐이다.

호감을 얻는 언행은 실제로 흉내를 내고 있는 동안 반드시
몸에 익힐 수 있다. 그것은 자기 자신을 되돌아보면 쉽게 알 수

있다. 이전과 이후가 어떻게 달라졌는지 내가 가장 먼저 알 수 있다.

　중요한 것은 좋은 예를 선택하는 일이다. 그리고 무엇이 좋은가를 판별하는 일이다. 사람은 평소 자주 이야기를 나누는 상대의 분위기, 태도, 장점, 단점뿐만 아니라 사고방식까지 무의식 중에 받아들이는 법이다. 내가 따로 공부한 것도 아닌데, 평소에 현명한 사람들과 교제하고 있기 때문에, 생각지도 못했던 멋있는 기지를 발휘할 때가 있다. 너도 내가 항상 말하듯이 훌륭한 사람들과 교제한다면 자신도 모르는 사이에 그들과 똑같아질 것이다. 거기에 집중력과 관찰력이 더해지면 금상첨화다.

호감을 얻는 사람과 그렇지 못한 사람의 차이

주위에 행동을 배울 수 있는 사람이 없다면 어떻게 할까? 그럴 때는 누구든지 좋으니 자기의 주변에 있는 사람을 다시 한 번 차분히 관찰해보자. 아무리 훌륭한 사람도 장점만을 가질 수 없듯이, 아무리 쓸모없어 보이는 사람도 반드시 한 가지는 좋은 점을 가지고 있다. 사람에게서 좋은 점을 발견하는 능력을 기르는 데에도 좋다. 그리고 좋지 않은 부분은 타산지석으로 삼으면 된다.

호감을 얻는 사람과 그렇지 못한 사람의 차이는 무엇일까? 그것은 앞서 말한 것처럼 말과 행동의 내용은 똑같아도 태도가 전혀 다르다는 것이다. 핵심은 바로 거기에 있다. 엄청나게 인기 있는 인물도, 품위를 전혀 느낄 수 없는 인물도 모두 말하고, 움직이고, 옷을 입고, 먹고 마시는 것은 마찬가지다. 다만 다른 것이 있다면 그 방법과 태도이다.

물러나서 조용하게 구하면
배울 수 있는 스승은 많다.

사람은
가는 곳마다
보는 것마다
모두 스승처럼 배울 것이 많다.

- 맹자

누구에게나 좋은 사람이 될 필요는 없다

네 나이에는 사람이나 사물에 대해서, 보는 것과 듣는 것 모두를 과대평가하기 쉬운 경향이 있다. 그 이유는 실체를 잘 모르기 때문이다. 진실을 알게 되면 실망할지도 모르겠다. 사람은 네가 생각하는 것만큼 그렇게 이지적이고 이성적인 동물이 아니다. 감정의 지배를 받고 작은 일에 간단히 무너져버리는 연약함도 가지고 있다.

일반적으로 유능하다는 평판을 듣는 사람들의 유능함 역시 절대적이 아니다. 그럼에도 그들이 유능하다고 평가받는 이유는 다른 사람들과 비교해서 좀 더 나은 수준이기 때문이다. 자기 자신을 억제할 줄 알고 결점을 드러내지 않는 방법을 알고 있는 것이다.

그렇다고 해서 그들이 이성에만 호소하느냐, 그것도 아니다.

그들은 감정과 감각 등 사람들이 잘 흔들리는 점을 영리하게 파고든다. 그러므로 실패하는 일은 거의 없다. 그러나 한 발 물러나 자세히 보면, 그에게도 결점이 있다는 것을 알아차릴 수 있다. 우리는 종종 완벽하고 흠잡을 데 없는 사람이 용서할 수 없는 잘못을 저지르는 것을 목격하지 않니. 사람은 그러하다.

실패와 좌절은 최고의 스승이다

사람은 특히나 자기보다 뛰어난 사람들 속에 끼어 있으면 남들을 더욱 의식하게 된다. 남들이 작은 목소리로 소곤거리면 자기에 관해서 말하고 있는 것으로 생각하고, 웃고 있으면 자기를 보고 웃는 것으로 생각하기 쉽다. 또, 무엇인가 명백히 뜻을 알 수 없는 말을 들은 경우에도, 그 말을 억지로 자신에게 적용하면서, 틀림없이 자기를 두고 한 말이라고 생각해버린다. 이런 열등감에 사로잡혀서는 안 된다. 네가 조심해야 할 감정이기도 하다.

이제 막 사회에 발을 내딛은 시기에는 주변에 온통 뛰어난 사람들만 있을 수밖에 없다. 그들에게서 배울 점을 찾아야지, 비교하고 자책하는 건 하나도 도움이 되지 않는다. 뛰어난 사람들 속에 섞여서 실패를 거듭하고, 좌절감을 실컷 맛보는 동안에 너도 차츰 세련된 태도를 몸에 익히게 될 것이다.

누가 가장 영광스럽게 사는 사람인가?
한 번도 실패함이 없이 나아가는 데 있는 것이 아니라

실패할 때마다 조용히, 그러나 힘차게
다시 일어나는 데에 참된 영광이 있다.

음악가 제리 골드스미스의 말처럼, 실패할 때마다 물러서지 않는 태도가 중요하다. 모르는 것이나 알아야 할 것이 있다면 주변 사람들에게 물어봐라. 또 미리 그들에게, "저는 아직 경험이 부족해서 의도치 않게 무례한 짓을 저지를 수도 있습니다. 그것을 발견했을 때는 주저하지 말고 지적해주시지 않겠습니까?" 하고 부탁해보면 좋을 것이다.

그때 지적을 받으면 성장의 자양분이라고 생각하고, 감사의 말을 전하는 것도 잊지 말아야 한다. 이처럼 상대에게 도움을 청하고, 그러한 도움에 감사의 뜻을 표하면, 그는 기꺼이 너에게 힘이 되어줄 것이다. 많은 사람이 친밀한 마음으로 너의 무례한 행위나 부적절한 언동을 충고해주면, 너는 차츰 변화할 것이다.

함부로 아는 척하지 마라

"절대로 비난할 수 없는 유일한 거짓말은 자기 자신을 위해서 하는 거짓말"이라는 오스카 와일드의 말처럼, 선의의 거짓말은 때때로 큰 지혜가 될 수도 있다. 이를테면 '모르는 척'이 바로 그것이다. 누군가에 관한 비밀이나 좋지 못한 소문을 듣게 되었다면, 아무리 귀에 못이 박힐 정도로 들었더라도, 들은 적이 없는 척하는 것이 좋다. 이럴 때 대개는 듣는 쪽도, 이야기하는 쪽도 똑같이 나쁘다고 여겨지기 쉽다. 함부로 아는 척을 하지 않는다면, 우연한 기회에 정말로 알고 싶었던 정보를 완벽하게 듣게 되는 일도 있을 것이다. 실은 이것이 정보를 수집하는 기술이기도 하다.

아킬레우스도 싸움터에 나갈 때는 완전 무장을 했다

사람은 대부분 아무리 사소한 일에 관해서라도, 단 한 순간이라도 우위에 서고 싶어 한다. 그래서 사실은 말해서는 안 되는 일을, 상대가 모르는 것을 내가 한 수 알려줄 수 있다는 과시욕 때문에, 그만 입을 잘못 열기도 한다. 누군가 네게 그렇게 말할 때 모르는 척 가장하고, 시치미를 떼면 더 많은 정보를 얻을 수 있다는 이점이 있긴 하다.

또한, 상대는 너에 대해서 정보를 입수하는 일에 어리숙한 사람으로 인식한다. 험담이나 나쁜 계략과는 아무 관련이 없는 인물이라고 믿게 된다. 그렇게 보이는 게 이득이기는 하나, 필요한 정보는 수집할 줄 알아야 한다. 정보를 수집할 때는 현명한 방법을 취해야 한다. 처음부터 끝까지 귀를 곤두세우거나 직접 질문하는 것은 현명한 방법이 아니다. 그러면 상대에게 경계심을 불러일으키고 시시한 정보밖에 얻을 수 없다.

때때로 모르는 척 시치미를 떼는 것과는 반대로, 모든 것을 알고 있는 척하는 것도 효과가 있다. 내가 묻지 않아도 '이런 이야기 들었는지 모르지만, 사실은……' 하고 말해주거나 '또 모르는 것은 없어?'라고 이것저것 친절히 정보를 제공해주는 사람도 있으나, 내가 먼저 화두를 꺼내고 대화를 쌓아야 정보를 얻을 수 있는 사람도 있다. 이러한 생활의 지혜를 능수능란하게 활용하기 위해서는 항상 자신이나 자신의 신변에 주의를 기울이고 냉정해야 한다. 사소한 말실수, 어리석은 한마디에 치명상을 입을

수 있다. 무적이었던 아킬레우스도 싸움터에 나갈 때는 완전 무
장을 했다.

사회는 너에게는 싸움터와 다름없다.
항상 완전 무장하고,
약점에는 갑옷을 한 벌 더 겹쳐 입을 정도의
마음가짐이 있어야 한다.

침묵하고 있어도 장점은 빛난다

앞에서 어떠한 사람들과 교제해야 하는가를 이야기했으니, 오늘은 그 사람들과의 교제에서 어떠한 행동을 하면 좋은가를 이야기하고 싶다. 내가 오랜 경험으로 알게 된 것들이다.

상대방을 기쁘게 해주려는 마음을 가져라

먼저 이것을 강조하고 싶구나. 관계를 맺을 때 밑바탕이 돼야 할 것은 상대방을 기쁘게 해주려는 마음이다. 언젠가 네가 낯선 여행지에서 친절한 대접을 받아 무척 기뻤다고 한 적이 있었지. 그때 나는 네게 친절하게 대해준 분들에게 마음속으로나마 감사하다는 말을 전했다. 이것을 기억하면 된다. 남이 너에게 마음을 써준 것이 그렇게 기쁘다면, 너도 남에게 그렇게 마음을 써

주면 된다. 네가 마음을 써주고 친절하게 대해줄수록 상대방도 기뻐하는 법이란다. 이것이 사람과 관계를 맺는 데 꼭 필요한 전제가 아닐까?

사람은 사랑하는 사람이나 존경하는 대상에 대해서는 스스로 상대방을 염려하고 기쁘게 해주고자 하는 마음이 생겨나는 법이다. 이 마음이 없으면 실제로 남을 기쁘게 해줄 수가 없다. 교제의 원칙은 상대방을 생각하는 마음이다. 그 마음이 있으면 어떤 말과 행동을 취해야 좋은가를 자연히 알게 된다.

사람을 기쁘게 해주고자 하는 마음은 누구나 가지고 있다. 그렇지만 실제로 그 방법을 줄줄 외우고 있는 사람은 드물다. 그렇다고 해서 무슨 특별한 규정이 따로 있는 것은 아니다. 한 가지 내가 말할 수 있는 것은, 남이 나에게 해주어서 기쁜 것을 너도 남에게 해주라는 것이다. 남이 너에게 무슨 일을 해주었을 때 네가 기뻤는가를 잘 생각해보면 알 수 있다.

혼자서 대화를 독점하지 마라

어떤 대화든 능통한 것은 좋지만 혼자서만 설교하듯 하는 것은 좋지 않다. 대화는 혼자 독점하는 것이 아니다. 너 혼자서, 모든 사람의 몫까지 차지해서는 안 된다. 그러려면 차라리 혼자 일기를 쓰는 게 낫다. 하지만 반대로 네가 그러한 몰지각한 사람에게 붙잡혔을 때 그것을 참을 수밖에 없는 상태라면 하는 수 없다. 적어도 겉으로는 그 사람에게 주의를 기울이고 있는 척, 가

만히 참아야 한다. 단호하게 거절해서는 안 된다. 그 사람에게 있어서는 네가 가만히 귀를 기울여주는 것보다 기쁜 일은 없을 테니 말이다. 이야기 도중에 등을 돌리거나, 듣기 싫다는 표정을 상대에게 보여서 좋을 게 없다. 그럴 땐 기회를 봐서 살짝 화제를 돌리는 기술을 써라.

대화 내용은 될 수 있으면 함께 있는 사람들이 모두 좋아하는 것을 고르는 게 좋다. 역사 이야기, 문학 이야기, 다른 나라 이야기 등이 좋다. 날씨 이야기나 옷 이야기, 세간의 시시콜콜한 소문보다 훨씬 유익하고 즐거울 것이다.

가볍고 익살스러운 이야기가 필요할 때도 있다. 내용적으로는 아무 쓸모없는 이야기지만, 여러 부류의 사람들이 모였을 때는 흥미로운 화제가 가장 적절하다. 또한, 상대에 따라서 화제를 고를 줄도 알아야 한다. 정치가에게는 정치가에게 적합한, 철학자에게는 철학자에게 적합한 화제가 있다. 상대방에 따라서 자유자재로 빛깔을 달리하며 화제를 택해라.

이것은 교활한 태도도 아니고 야비한 술수도 아니다. 말하자면 사람 관계에서 빼놓을 수 없는 윤활제와 같은 것으로 생각해주기 바란다. 사회에 처음 나갔을 때는 자신이 그 장소의 분위기를 조성하는 사람이 되기보다는 주위의 분위기에 잘 스며드는 사람이 되는 게 좋다.

장소나 분위기에 따라서 진지하기도 하고 쾌활하기도 해야 한다. 필요하다면 농담을 하는 것도 바람직하다. 이것은 많은 사람 속에 끼어 있을 때의 에티켓과 같은 것이다. 네게 먼저 말을 걸지 않는다고 해서 아무 말 없이 입 다물고 있는 건 좋은 태도가 아니다. 자연스럽게 질문도 하고 대답도 해라. 하지만 너를 어필하기 위해서 묻지 않은 것까지 줄줄 말할 필요는 없다. 스스로 일부러 말하지 않더라도 네게 장점이 있으면, 그 장점은 자연히 드러나게 돼 있다.

될 수 있는 대로 의견이 대립하는 화제는 피하는 것이 좋다. 그렇지 않으면 의견을 달리하는 편에서 잠시 험악한 분위기가 될지도 모른다. 논쟁이 심각해지기라도 할 것 같으면 그냥 얼버무리든가, 기지를 살려서 그 화제에 종지부를 찍는 게 좋다.

자신의 이야기는 가능한 한 하지 마라

대화를 독점하는 것만큼이나 피해야 할 일은 계속 자기 자신에 관한 이야기만 하는 것이다. 아무리 훌륭한 사람이라도 자기 이야기만 늘어놓으면 가면이 벗겨지기 마련이다. 감춰두었던 허영심이나 자존심이 자연히 머리를 들고 나와서 다른 사람들에게 불쾌감을 준다.

자기 이야기를 하는 볼썽사나운 방식에도 여러 가지가 있다. 화제의 흐름과는 무관하게 자기 이야기를 꺼내는 사람, 어떤 이야기를 하든 자기 자랑으로 끝내는 사람, 조언을 구하는 척하며 결국 자기 이야기만 하는 사람도 있다. 예컨대 마치 자기가 이유 없는 비난을 받고 있는 듯 화두를 꺼내더니 자기의 장점을 열거하는 것이다.

또, 똑같은 자기 이야기를 하더라도 좀 더 유치하게, 자기를 비하하는 방법을 쓰는 사람도 있다. 이런 사람은 먼저 자기는 약한 인간이라고 고백한다. 자기의 불행을 한탄하고, 자기의 불쌍한 처지에 대해 반복해서 설명한다. 듣다 보면 결국 자기의 잘못은 하나도 없다. 모두 남의 탓, 세상 탓이다.

주위 사람들이 난처해하고 있다는 것을 아는지 모르는지, 푸념을 할 수밖에 없는 모양이다. 실은 그런 사람도 분명히 알고 있다. 자기처럼 결점투성이의 인간은 성공은커녕 사회에서 순탄하게 살아가기조차 어렵다는 것을. 하지만 알고 있다고 해서 그 버릇을 고치지도 못한다.

스스로 말하지 말라

앞서 말한 어리석은 행위들을 하지 않는 유일한 방법은 자기 이야기를 구태여 하지 않는 것이다. 자기의 경력 등 자신의 이야기를 할 수밖에 없는 자리에서도 자기 자랑을 하고 있다고 오해받을 말은 삼가하는 게 좋다.

인격이라는 것은 선악과 관계없이 언젠가는 알려지는 법이다. 스스로 말할 필요가 없다. 더구나 본인이 자기 입으로 말하면 아무도 그것을 믿지 않을 것이다.

내가 먼저 약점을 드러내면 도움을 주지 않을까 하는 기대는 접어둬라. 상대는 앞으로 너를 볼 때마다 그 약점만 생각한다. 장점을 드러내면 더 빛날 거라는 생각도 접어둬라. 장점의 의미가 희미해진다.

말을 아끼고 신중을 기하면 적어도 점잖다는 인상을 줄 수 있다. 불필요한 질투나 비방, 비웃음을 받아 정당한 평가에 방해받는 일은 없을 것이다. 자기 스스로 장점이나 자랑거리를 말해버리면, 주위 사람의 반감을 사고 실망을 면치 못한다.

항상 침묵 속에 있는 사람은
신에 가까이 가기가 쉽다.
그러나 행동이 가벼운 사람은
쓸데없이 입을 놀리고
곧바로 고독과 초조함을 느낀다.

후회할 일을 삼가하려는 결심을 해야
진실에 다가선다.

할 말은 하되, 불필요한 말은 삼가야 한다.

- 탈무드

다정한 내면을 드러낼 기회

바로 지금이야말로 너라는 건축물에 아름다운 장식을 할 때다. 지금 그 방법을 몸에 익히지 못하면 평생 익히기 어려울지도 모른다. 그러므로 너라는 건축물에 무엇이 필요할지 고민하는 시간을 갖는 것을 게을리해서는 안 된다. 튼튼한 틀과 매력적인 장식이 합쳐진다면 그보다 훌륭한 것은 없다.

내가 이렇게 너에게 스스로를 장식하라고 열심히 타이르고 있는 것을 다른 사람들이 안다면, 융통성이 없는 사람이나 세상을 등진 현학적인 사람들은 아마 몹시 경멸하는 얼굴을 하고, "아버지가 자식에게 주는 교훈이라면 그보다 좋은 것이 얼마든지 있을 텐데요" 하고 말할 것임이 틀림없다. 아마도 그들의 사전에는 '남에게 호감을 주는' 등의 말이 없을 것이다.

네 외면을 갈고닦아 아름다운 건축물처럼 사람들의 마음을

끈다면, 그게 네 다정한 내면까지 드러낼 기회를 만든다면, 그것
은 분명 네게 큰 자산이 될 것이다. 당장 주위만 둘러봐도 사람
들은 '호감을 산다'는 것을 화제로 삼고, 그것에 관심을 두며, 언
제나 바라고 있다.

예의범절에 대해서

공자는 예의에 대해 이렇게 말했다.

**집안에 예의가 있으므로 어른과 아이의 분별이 있고
가정에 예의가 있으므로 집안이 화목하다.**

조정에 예의가 있으므로 벼슬에 차례가 있고
사냥에 예의가 있으므로 병사가 숙련되고
군대에 예의가 있으므로 무공이 이루어진다.

남녀노소 관계없이 예의가 없고 보기 흉한 인간이 많은 이유는, 그 부모들이 예의범절을 가볍게 보고 있거나 전혀 관심이 없거나 둘 중 하나일 것이다. 그들은 나름대로 기본적인 가정교육과 대학교육 그리고 유학 등 좋다는 것을 다 시키기는 한다. 그런데 그 외의 것에는 무관심하고 부주의한 것이다.

이를테면 자기 자식이 어떤 인격의 사람으로 성장하고 있는지에 대해서는 관심이 없고 결과만 중시한다. 기본적인 소양이나 예의가 없어도 간판만 좋으면 된다는 식이다.

　그런 아이들은 다른 아이들과 마찬가지로 분명 학교에 다니면서 교육을 받고 있지만, 차이가 벌어진다. 그들은 학창 시절에 몸에 익힌 어린아이 같은 장난을 그만두지 않는다. 대학에서 몸에 익힌 편협한 태도를 바꾸지 않는다. 유학 중에 몸에 익힌 거만한 태도를 고치지 않는다. 그런 것은 부모가 지적해주지 않으면 달리 주의를 시킬 사람이 없다.

　앞에서도 여러 번 이야기했지만, 자식의 예의범절이나 사람을 대하는 태도에 대해서 이러쿵저러쿵 말할 수 있는 사람은 부모뿐이다. 그것은 자식이 어른이 되어서도 마찬가지다. 나는 너에게 우호적이지만 충실한 감시자와 같다. 너에게 결점이 있으면 그것을 재빠르게 발견하여 고치도록 지시한다. 장점이 있으면 재빠르게 발견하여 박수를 보낸다. 그것이 부모로서 나의 임무라고 생각한다.

언행은 부드럽게, 의지는 굳건하게

이 말만큼 인생의 모든 순간에 활용할 수 있는 것이 있을까? 언행이 부드럽다는 건 많은 것을 내포하고 있다. 자신의 감정을 다스릴 줄 안다는 것, 큰소리를 내지 않고도 설득할 방법을 안다는 것, 생각을 정확히 말로 표현할 줄 안다는 것이다. 그만큼 단단한 내공이 있다는 것이지. 이는 의지가 굳건하다는 것과도 연결된다. 무엇이든 의지가 분명하지 않은 상태에서는 행동할 수 없는 법이다.

언행은 부드러울 뿐 의지가 굳세지 못하면 어떻게 되는가? 다만 붙임성이 좋을 뿐 비굴하고, 마음이 약하고, 소극적인 인간으로 전락해버리기 쉽다. 의지는 굳세지만, 언행이 부드럽지 못한 사람은 어떨까? 용맹스럽고 사나울 뿐인, 저돌적인 인간이 될 것이다. 양쪽을 다 갖추는 것이 바람직하지만, 그런 사람은 여간해서 드물다. 의지가 굳센 사람 중에는 혈기 왕성한 사람이 많은데, 대부분 언행이 부드러운 것을 연약함이라고 단정하여, 힘으로만 밀어붙이려고 한다. 이런 사람은 내성적이고 소심한 상대를 만날 때에는 자기 마음대로 일을 진행할 수 있지만, 그렇지 않을 때에는 상대편의 분노나 반감을 사서 목적을 달성할 수 없다.

또 사람을 대하는 언행이 부드러운 사람 중에는 교활한 사람이 많다. 그런 사람은 모든 것을 손쉽게 갖는 재주가 있다. 이른바 팔방미인이다. 마치 자기 자신의 의지 따위는 없는 것처럼 임기응변으로 얼마든지 상대편을 다룬다. 이런 사람은 어리석은 자는 속일 수 있어도 그렇지 않은 사람은 속일 수 없다. 언행과 의지, 이 양쪽을 겸비할 수 있는 사람은 강압적인 사람도, 팔방미

인도 아니다. 현명한 사람일 뿐이다.

의지가 강할수록 부드러움으로 감싸라

남에게 명령을 내리는 상황에 있을 때 공손한 태도로 명령을 내리면, 그 명령은 기쁘게 받아들여지고, 기분 좋게 실천으로 옮겨질 것이다. 그런데 무턱대고 강압적으로 명령하면, 벌써 시작부터 부정적인 분위기가 감돈다. 예를 들면, 내가 누군가에게 "술을 한 잔 가져와"라고 난폭하게 명령을 했다고 하자. 나는 그 사람이 술을 가져오면서 일부러 내 옷에 엎지른다 해도 할 말이 없다. 그런 일을 당하기에 마땅한 짓을 했기 때문이다.

물론 명령을 내릴 때는 냉정하고도 강력한 의지를 보여주는 것도 필요하다. 그렇지만 그것을 부드러움으로 잘 감싸서, 불필요하게 기분이 상하는 일이 없도록 해야 한다. 이것은 네가 윗사람에게 무엇인가 부탁할 때나 당연한 권리를 요구할 때도 마찬가지다. 공손한 태도로 하지 않으면, 본래 네 부탁을 거절하고 싶어 하는 사람에게 적당한 구실을 주는 셈이다. 그렇다고 해서 부드러움만으로 일이 성취되지는 않는다.

절대로 뒤로 물러서지 않는 끈기와
품위를 잃지 않는 집요함으로,
네 의지가 얼마나 강한가를 보여줘야 한다.

부드러운 언행과 강인한 의지를 겸비하는 일이야말로 멸시받는 일 없이, 미움받는 일 없이, 존경받을 수 있는 유일한 방법이다. 이것이 바로 세상에 지혜 있는 자들이 한결같이 몸에 익히고자 하는 위엄이라는 것이다.

침묵으로 말의 온도를 조절하라

실제 상황에서는 어떻게 적용할 수 있는지 이야기해보자. 어떤 상황에서든 감정이 고조돼 자칫 무례한 말이 입 밖으로 나올 것 같으면, 일단 멈춰라. 자기 자신을 억제하고 부드럽게 순화해야 한다. 이것은 상대가 윗사람이든, 자기와 대등한 사람이든, 신분이 낮은 사람이든 마찬가지다. 감정이 분출되려고 하면 진정될 때까지 침묵을 지켜야 한다. 표정의 변화를 간파당하지 않도록 집중해라. 표정에 다 드러나는 것 또한 치명적인 약점일 수 있다.

그렇다고 해서 더는 단 한 발짝도 양보할 수 없는 대목에서 상냥하게 굴거나 비위를 맞추는 등 상대에게 아첨하는 짓 따위를 하라는 게 아니다.

만일 네가 적대시하는 존재가 있다면, 더더욱 부드러운 언행을 유지해야 한다. 부드러운 태도로 마음을 열게 해야 한다. 동시에 네 의지의 강인함을 드러내라. 네게 정당한 이유가 있다는 걸 알려줘라.

자기 생각을 관철시키는 비결

여러 사람과 의논을 하고 의견을 절충할 때 네 생각과 의지를 어필하는 방법이 있다. 조율도 중요하지만, 이때는 우선 네 의지가 확고하다는 인상을 심어줘야 한다. 물러서지 말고 설득하여 후에 절충안이 나오더라도 네 의견이 더 반영될 수 있도록 해라.

그렇게 하는 동안에도 부드러운 태도를 절대 잃지 말아야 한다. 상대의 마음을 놓치면서까지 네 의지를 고집하는 건 어리석은 짓이다. 상대의 마음을 붙잡고 이해를 구하면, 그것이 실마리가 될지도 모른다. 이처럼 조율에서도 '언행은 부드럽게, 의지는 굳건하게'를 활용해야 하는 것이다.

최소한 상대의 마음대로는 되지 않는다. 내가 '말과 행동은 부드럽게'를 강조하고 있지만, 그것이 온순하기만 한 부드러움이 아니라는 걸 이제 너도 이해하고 있겠지. 자기 의견은 분명히 말해야 하며, 다른 사람의 의견이 틀렸다고 생각할 때는 분명히 틀렸다고 말해야 한다. 다만 부드럽게 말이다. 내가 계속 강조하고 있는 건, 달리 표현하자면 말하는 방법이다. 말할 때의 태도, 분위기, 용어의 선택, 목소리 등을 모두 부드럽고 상냥하게 하라는 것이다.

거기에는 무리가 있어서는 안 된다. 자연스러워야 한다. 연약한 말투라고 해서 설득력이 없는 것은 아니다. 추운 사람의 옷을 벗길 수 있는 건 매서운 북풍이 아니라 따뜻한 태양이라는 이야기처럼 도리어 상대의 마음을 사로잡을 것이다.

토론은 기분 좋게 끝내야 한다. 자신도 상처를 입지 않고 상대의 인격 또한 손상되지 않은 상태에서 잘 마무리해야 한다. 의견의 대립은 일시적이더라도 감정이 상하면 서로 멀리하게 되기 때문이다. 표정, 말하는 방법, 용어의 선택, 발성, 품위 등 그러한 것들이 부드러우면 '부드러운 언행'이 되고, 거기에 '강인한 의지'가 더해질 때 위엄이 붙는다. 그러면 사람들이 네 손을 들어줄 것이다.

진정 강한 사람이 되고 싶다면
물과 같아야 한다.

- 노자

할 수 있는 한 훌륭한 인생을 만들어라.
인생은 짧고 곧 지나간다.

5장

그리고 삶에 관하여

먼저 실천하는 사람이 먼저 성공한다

세상은 지혜를 먼저 터득하여, 먼저 실천하는 사람이, 먼저 성공할 수 있다. 네 나이에는 이런 태도에 대해 계산적이라고 몹시 싫어할 수도 있다. 그러나 내가 지금부터 너에게 이야기하려는 지혜도 훗날 네가 '그때부터 알아두었더라면 좋았을걸' 하고 생각하게 될 것 중 하나다.

자신의 성격을 변명으로 이용하지 마라

우리는 지나치게 무엇이든 성격 탓으로 돌려 변명하는 경우가 많다. 하지만 난 마음먹고 노력하면 타고난 성격까지도 충분히 개선할 수 있다고 생각한다. 일반적으로 사람은 이성보다 타고난 기질을 우선시하는 습관이 몸에 배어 있어 그럴 뿐이지, 노력하면 얼마든지 바꿀 수 있다. 주위를 둘러보면 욱하는 성격의 사람이 한 명씩은 꼭 있잖니. 그런 사람들은 억제하는 습관이 필요하겠지.

만일 갑자기 감정이 폭발할 것 같을 때는, 우선 진정될 때까지 입을 다물고 있는 것이 좋다. 할 수 있다면 물을 한 모금 마시거나 잠시 화장실에 다녀오는 것도 좋다. 마음을 가라앉히고 이성적으로 생각해라. 당장 치미는 감정을 억누르는 것이 어렵겠지만, 평상시에 머릿속에 새겨두고 있으면 할 수 있다.

또한, 자못 지식을 자랑하고 싶거나, 재치를 뽐내고 싶거나, 현학적인 말을 하고 싶은 순간이 있을 수 있다. 그런 말들은 일시적인 찬사는 받을지 몰라도 적을 만들기 쉽다.

누군가 너를 빈정대는 말을 듣거든 가장 좋은 방법은 못 들은 척하는 것이다. 직접 들었기 때문에 그렇게 할 수 없을 때는 그들과 덩달아 웃고 상대가 말한 내용을 인정해줘라. 재치 있는 비방이라고 칭찬해줌으로써 부드럽게 그 순간을 지나쳐버리는 것이다. 상대의 무례함을 일깨워주고 싶다면 똑같은 방식으로 반격해서는 안 된다. 더욱 차분한 태도를 취하여 상대가 창피하도록 만들어라.

마음에는 방패를 세우고 갑옷을 입어라

비즈니스에서는 상대의 속마음을 읽을 수 있느냐, 없느냐가 성공의 열쇠이다. 한마디에 일희일비하는 혈기 왕성한 인물만큼 내가 원하는 결과를 만드는 데 좋은 상대가 없다. 쉽게 감정에 동요하고, 사소한 일로 마음이 혼란스러워져서 터무니없는 말을 입 밖에 내거나 표정에 드러내곤 하는, 그런 사람을 상대할 때는 여러 가지로 넘겨짚어서 표정을 관찰하면 된다. 반드시 그 진의를 알 수 있다.

자기의 감정이나 표정을 숨길 수 없는 사람은 그렇게 할 수 있는 사람의 손에 놀아난다. 다른 모든 조건이 대등할 때조차도 그렇다. 상대가 능수능란한 솜씨를 지녔을 경우에는 더더욱 승산이 없다.

속마음을 간파당해서는 사람을 제압할 수 없다.

나는 더 극단적으로 이렇게 말하고 싶다. 속마음을 간파당해서는 그 무엇도 성취할 수 없다고. 똑같이 아닌 척, 시치미를 떼는 일이라도, 속마음을 간파당하지 않기 위한 것과 상대편을 속이기 위한 것은 크게 다르다. 나쁜 것은 후자의 경우다. 사람을 속이기 위해서 감정을 숨기는 것은 도덕 관념에 어긋날 뿐만 아니라 비열한 행위다.

이에 대해서 철학가 로저 베이컨은 "상대편을 속이는 것은 진정한 지적 인간이 할 일이 아니다. 속마음을 간파당하지 않기 위하여 감정을 감추는 것은 트럼프 게임에서 카드를 보이지 않는 것과 같지만, 상대편을 속이기 위하여 그렇게 하는 것은 상대편의 카드를 훔쳐보는 것과 다름없다"고 말했다. 정치가인 비스카운트 볼링브로크도 그의 저서에서 다음과 같이 말했다. "남을 속이기 위하여 감정을 감추는 것은 단검을 휘두르는 것과 같은 행위일 뿐만 아니라 불법 행위이기도 하다. 단검을 사용하면 그것에는 어떠한 정당한 이유도, 변명도 통용되지 않는다."

속마음을 간파당하지 않도록 감정을 감추는 것은 방패를 세우는 행위와 마찬가지이며, 비밀을 보전하는 것은 갑옷을 입는 것과 같다. 일하면서 어느 정도 감정을 감추지 않으면, 내 패를 모두 보이는 것과 같다. 내 패를 다 보여주고 어떻게 이득을 취할 수 있을까?

그런 의미에서 감정을 감추는 것은 주화를 주조하는 기술과 흡사하다. 약간의 합금을 섞는 과정이 필요하지만, 너무 지나치게 섞으면 주화는 통화로서의 가치를 잃고, 주조자의 신용도 떨어져버린다.

속에서는 감정의 폭풍이 아무리 거칠게 불어도, 그것을 얼굴이나 말에 나타내지 않도록, 완전히 자기의 감정을 감출 수 있도록 노력해야 한다. 힘든 일이기는 하지만 할 수 없는 일은 아니다. 아무리 곤란한 일이라도 추구할 가치가 있는 일이라면 두 배의 노력을 하더라도 반드시 해내야 하는 법이다.

지성을 강화하는 유일한 수단은
편견이 없는 것,
즉 마음이 모든 사상을 위한
신작로가 되게 하는 것이다.

- 존 키츠

역사에서 미래를 읽을 수 있다

아무리 많은 책을 읽어도 자기 스스로 판단하지 않고, 쓰여 있는 것을 그저 줄줄이 머릿속에 집어넣기만 하는 사람이 많다. 그렇게 하면 정보만 닥치는 대로 쌓여서 머릿속이 잡동사니 창고처럼 돼버린다. 마구 어질러진 곳에서 물건을 찾기 어렵듯이, 필요한 지식을 필요할 때 바로 꺼낼 수가 없다. 책을 읽는 행위 자체도 중요하지만, 읽고 난 후도 중요한 것이다.

너는 어떻게 하고 있는지 궁금하구나. 책을 읽으면서 틈틈이 내용을 머릿속으로 정리하거나, 다 읽은 후에 한 번 되짚어보는 시간을 갖는 것이 좋다. 지은이의 이름만 보고 책 내용을 그냥 받아들이지 말고 내용이 얼마나 정확한지, 옳은지를 냉철하게 생각하기 바란다.

역사적 사실을 다룬 책을 읽었다면 그 한 권으로 끝내지 말고, 몇 권의 책을 조사해보렴. 거기에서 얻어낸 정보를 종합적으로 분석해서 자기 의견을 갖는 것이 좋다. 거기까지가 역사라는 학문의 손이 미치는 범위라고 나는 생각한다.

유감이지만 '역사적 진실'을 명확하게 밝혀내는 일도 쉬운 일만은 아니다. 읽다 보면 역사적 사건의 동기와 원인에 대해 기록하고 있는 경우가 있는데, 그대로 믿어서는 안 된다. 관련 인물의 사고방식이나 이해관계를 따진 다음, 저자의 고찰과 사건의 다른 가능성 등에 대해 다각적으로 생각해보는 일이 중요하다. 그때 비굴한 동기나 사소한 동기를 무시해서는 안 된다.

인간이란 복잡한 모순투성이기 때문이다. 감정은 격렬하게 변하기 쉽고, 의지는 나약하며, 마음은 갈대와 같다.

예컨대 사람은 한결같지 않고 상황에 따라 수시로 변한다. 훌륭한 사람이라도 허술한 면이 있고, 쓸모없는 사람이라도 훌륭한 데가 있다. 한마디로 예측 불허한 것이 인간이다. 그런데 역사적 사건이나 그 원인을 다룰 때 우리는 이 점을 간과하는 경향이 있다. 본래 인간의 특성보다 더욱 고상한 동기를 찾으려고 하는 것이다.

당장 역사책 하나를 펼쳐보더라도, 큰 사건뿐만 아니라 평범한 사건에까지 정치적 동기나 과한 해석을 더하는 경우를 심심치 않게 볼 수 있다. 위대한 업적을 이루기 위해, 원대한 포부를 이루기 위해, 정의를 실현하기 위해 등 멋지게 포장하고 의미를 부여한다. 실제로 그럴 수도 있겠지만, 사람의 행동은 항상 바람직한 동기에서 비롯하는 것만은 아니잖니.

현명한 인간이 어리석은 일을 하기도 하고 어리석은 인간이 현명한 일을 하기도 한다. 하물며 그날의 몸 상태와 마음 상태에 따라 변하기도 한다. 그런 특성을 무시한 채로 무조건 고상한 동기를 부여하는 것은 바람직하지 않다. 모두 같은 사람일 뿐인데, 일차원적인 시각으로 영웅과 겁쟁이를 나눠버리는 것이다. 그러므로 인간 행위의 진정한 이유는 아무리 규명하려고 해도 억측의 영역을 벗어나기 어렵다. 기껏해야 이런저런 사건이 있었다는 사실만 우리가 알 수 있다.

시저는 23인의 음모로 살해되었다. 이것은 의심할 여지가 없다. 그런데 이 23인의 음모자들이 과연 진정으로 자유를 사랑하고 로마를 사랑하기 때문에 시저를 죽였을까? 주요 원인이 그 한 가지뿐일까? 사건의 주모자인 브루투스만 보더라도, 이를테면 자존심이나 시기심, 원한, 실망 같은 다른 여러 가지 개인적인 이유가 복합적으로 작용하지 않았을까?

어떻게 역사를 읽어야 하는가

역사를 알되, 매일매일 스스로가 경험하는 것에 빗대어 생각해보면 좋다. 역사라고 하는 것을 얼마나 다각적인 측면에서 바라볼 수 있는지 알게 될 것이다. 예를 들어, 법정에서 어느 한 사건에 대해 몇 사람이 증언을 할 때 그들이 하는 말이 모두 일치하는지를 보면, 대부분 그렇지 않다. 착각하는 사람도 있고, 이전에 했던 말과 뉘앙스가 달라지는 사람도 있다. 자기 의견에 맞게 증언하는 사람이 있는가 하면, 마음이 변하여 사실을 왜곡시

켜 말하는 사람도 있다. 게다가 서기도 반드시 공정하게만 기록한다고 할 수 없다. 그런 점으로 미루어볼 때 역사학자라고 해서 반드시 공정하게만 기록하는지 의심스럽다.

학자에 따라서는 자신의 지론을 끝까지 전개하고 싶을지도 모르고, 빨리 그 장을 끝내고 싶을지도 모른다. 그러므로 역사학자의 이름만을 따져서 옳고 그름을 판단하기보다는 자기 스스로 분석하고, 판단할 수 있는 능력을 길러야 한다.

그렇다고 기존의 역사책을 볼 필요도 없다고 말하는 건 아니다. 누구나 인정하는 역사적 사실은 존재한다. 그 시각의 차이를 알아야 한다는 것이다. 사람들의 입에 자주 오르내리고 교과서에서 다루어진 것들은 알아두는 것이 좋다. 하지만 예컨대 시저의 망령이 브루투스 앞에 나타났다는 기록 같은 건 믿지 않아도 좋다는 것이다. 이 밖에도 단지 역사학자가 기술했다는 이유만으로 확인되지 않은 것들이 사실처럼 여겨지는 경우도 있다. 이런 것들을 구분해낼 줄 알아야 한다는 것이다. 작가 제임스 볼드윈은 역사에 대해 이렇게 말했다.

역사는 단순히 과거의 사실만이 아니다.
역사가 가장 강력한 힘을 지니는 이유는
바로 우리 안에 역사가 있고,
우리가 알지 못하는 방식으로
우리를 지배하기 때문이다.

따라서 우리가 하는 모든 일 안에

역사가 현존하는 것이다.

    역사는 언제나 해석의 여지가 다양하지만, 제대로 공부할 필요가 있다. 그것을 통해 지금 현재의 삶과 앞으로 미래의 삶을 어떻게 살아갈지 그려볼 수 있을 테니 말이다. 어쩌면 역사는 인간이 살아가는 데 있어 그 어떤 학문보다도 필요한 것인지도 모른다.

과거의 눈으로 현재를 보면 안 된다

과거에도 그랬으니까 현재도 그렇다고 단정해서는 안 된다. 과거를 거울삼아 현재를 검토하는 태도는 좋지만, 거기에는 무엇보다 신중함을 잃지 말아야 한다. 고작해야 추측에 머물 수 있을 뿐, 아무리 애를 써도 지나간 과거의 진상을 정확하게 증명하기란 쉽지 않다. 우선 과거의 증언은 현재의 증언에 비해 훨씬 애매한 법이다. 더욱이 오래되면 오래될수록 신빙성도 희박해지기 마련이다.

학자 중에는 공과 사를 불문하고 단지 비슷하다는 이유만으로 대책 없이 과거의 사례들을 함부로 인용하는 이도 있다. 생각해보렴. 천지창조 이후에 이 세상에 똑같은 사건이 일어난 예는 없었다. 더욱이 어떤 역사가라도 사건의 전모를 토씨 하나까지 정확하게 기록으로 남긴 경우는 없다. 그러므로 그것을 기초로 한 논쟁 따위는 별 의미도 없다. 다만 역사학자가 기록하였거나 옛 시인이 썼다는 이유만으로 과거의 사례들을 함부로 인용해서는 안 된다.

사물 하나하나가 서로 다르듯, 사건도 마찬가지여서 개별적으로 논해야 한다. 비슷한 사례를 참고하게 되더라도 어디까지나 참고로 삼는 데 그쳐야지, 그것을 판단의 근거로 삼아서는 안 된다. 다시 말하지만, 지나간 역사를 공부하는 것은 참으로 중요하다. 나는 요즘의 역사 공부 방식에 회의감이 든다. 시간과 노력을 절약한다는 이유로 역사적 대사건 중심으로만 공부하고, 나머지 것들은 대충 훑어본다는 식의 융통성을 내세우는 사람이 있는가 하면, 역사적 비중을 따지지 않고 어떤 내용이든지 똑같은 힘을 쏟는 사람도 있다.

나는 다른 방법을 권하고 싶다. 먼저, 공부하고 싶은 나라별로 여러 역사책을 통해 대략적인 개요를 파악한다. 거기서 특히 중요한 요점, 예컨대 어디를 정복했다든가, 왕이 바뀌었다든가, 정치 형태의 변화 등을 뽑아낸다. 그리고 그 사항들에 관해서 깊이 있게 기록한 논문이나 책들을 읽으며 공부한다. 그때는 스스로 깊이 파악하는 통찰력이 중요하다. 원인을 찾아서 그것이 어떤 문제와 사건을 발생시켰는지를 생각하는 것이 중요하다.

그 밖에도 하나하나의 시대와 사건에 관해 자세하게 기술하고 있는 책이나 정치적 관점에서 쓰인 논문 등 참고할 수 있는 것들은 얼마든지 있다. 그중에서 적절한 것들을 골라 읽으면 각각의 시대와 사건들을 입체적으로 파악할 수 있다.

여러 사람과 교류하고 어울리면서 역사를 화제 삼아 대화하는 것도 한 가지 방법이다. 비록 역사를 잘 모르거나 관심이 없는 사람일지라도, 자기 나라 역사를 모른다고 말하지는 않을 것이다. 또한, 책으로는 접할 수 없었던 내용을 사람들과의 대화를 통해 알게 되는 경우도 있다.

책을 좋은 동반자이자 쉼터로 만들어라

인생은 한 권의 책과도 같다. 경험을 통해 얻을 수 있는 지식은 지금까지 출판된 책 모두를 합친 것보다도 훨씬 방대하고, 훨씬 다채롭다. 그러므로 책뿐만 아니라 경험과 사람을 통해서도 반드시 배워야 한다. 훌륭한 사람들의 모임이 있을 때는 아무리 좋은 책이라도 덮어놓고, 그 모임에 나가는 것이 좋다. 그것이 몇 배 더 큰 공부가 된다.

하지만 때로는 시끌벅적한 환경에서 벗어나 잠시 숨을 돌릴 여유가 필요하다. 그런 시간을 이용해 책을 읽는 일이야말로 더할 나위 없는 안식이자 기쁨이다. 그 잠깐의 시간을 살려서 충실하게 책을 읽을 때는 내용이 따분하고 빈약한 책으로 시간을 흘려보내는 일은 삼가는 것이 좋다. 읽어봤자 별 도움이 되지 않는다.

하루에 30분씩 독서에 투자해라

책을 읽을 때는 정신과 목적을 하나로 집중시켜라. 만일 너의 장래를 생각해서 그 목적에 맞는 분야의 책을 읽고 싶다면 그렇게 해라. 처음에는 광범위한 내용을 다룬 책을 읽더라도, 서서히 세부 분야로 파고들 줄 알아야 한다.

예를 들어, 네가 외교 분야에 대해 공부하고 싶다면, 현대사 중에서도 특히 중요하고 흥미 있는 내용을 몇 개 골라 그것을 시대별로 익히는 것이 시작이 좋다. 이제 거기서 점점 더 파고드는 것이다. 믿을 만한 역사서나 문서, 회고록, 문헌 등을 읽고 비교해보면 어느새 너만의 기준과 생각이 확립할 것이다.

하지만 반드시 이런 방법으로 몇 시간이고 투자하라는 것은 아니다. 다른 방법으로도 시간을 효율적으로 사용할 수 있다면 그것도 좋다. 다만 독서도 체계를 잡아 접근하는 것이 바람직하다.

이것저것 여러 분야의 책을 읽다 보면, 상반되거나 모순되는 내용에 맞닥뜨릴 때도 많다. 그럴 때는 또 다른 책을 참고하면 좋다. 그러면 기억에도 더 오래 남을 수 있다. 같은 분야의 책이라도 중점적으로 다루는 부분은 다를 것이다. 또 그것에 대해 사람들과 의견을 나눠보는 것도 좋다. 책만으로는 파악하지 못했던 일들이 입체적으로 정리되어 쉽게 머릿속에 들어오기도 한다. 그렇게 해서 얻은 지식은 훨씬 더 구체적인 틀을 갖추게 될 뿐만 아니라, 여간해서는 잊히지도 않을 것이다. 답사나 탐방처

럼 현장에 찾아가서 직접 이야기를 듣는 것도 그런 측면을 극대
화하는 일이다.

책을 읽는 방법에 대해서는 다음 세 가지를 유념하기 바란
다. 첫째, 얼마나 읽는가, 독서량에만 연연할 필요는 없다. 그보
다는 여러 계층의 사람들과 교류를 하면서 공부를 하는 것이 좋
다. 둘째, 너에게 직접적인 도움이 되지 않는 책은 애써 읽지 않
아도 좋다. 셋째, 한 가지 주제를 정해서 그와 관련된 책을 집중
적으로 읽도록 해라. 이것을 염두에 두고 실천한다면, 하루 30분
의 독서로도 충분하다.

책은 위대한 천재가 인류에게 남겨주는
유산이며,
그것은 아직 태어나지 않은
자손들에게 주는 선물로,
한 세대에서 다른 세대로 전달된다.

- 에디슨

겪고 또 겪어라, 그것이 값진 보물이 된다

요즘 사람들의 특징 중 하나가 '보아도 보지 않고 들어도 듣지 않는 것'이라는 이야기를 들었다. 점점 갈수록 다른 사람이나 상황에 대해 무관심하고, 매사에 수박 겉핥듯 건성으로만 대한다고 한다. 다행히도 너는 사람을 잘 관찰하고 세상 일에 여러 가지 의문을 가지고 있는 것 같다. 그것이야말로 올바른 태도다. 어느 곳에 가든, 누구를 만나든, 무엇을 하든 별생각 없이 여기저기 옮겨 다니기만 하는 사람은 결국 아무것도 얻지 못한다.

반대로 매사에 의욕적이고 안목 있는 사람은, 사소한 일상에서도 많은 것을 얻을 수 있다. 언제, 어디서, 무엇을 보든 그것의 가치를 유념해서 살펴본다면 여러 방면에서 수준 높은 식견을 가질 수 있다.

여행을 할 때는 호기심 많은 사람이 되어라

이탈리아 로마는 인간의 다양한 감정이 훌륭한 예술로 완성된 도시이다. 그런 도시는 찾아보기 어렵다. 그러므로 로마에 가게 되면, 교황청이나 바티칸 궁전, 판테온을 구경하는 것만으로 만족해서는 안 된다. 1분 동안의 관광을 더욱 값지게 만들려면, 열흘 동안 정보 수집에 애쓰기를 바란다. 로마 제국의 본질, 교황 권력의 흥망성쇠, 궁정의 정책, 추기경의 책략, 교황 선출을 둘러싼 뒷이야기 등 절대적인 힘을 자랑했던 로마 제국에 관련된 것이라면 무엇이든 좋으니 깊이 파고들어 가도록 해라.

앞으로 어느 곳을 여행하든 그 지역의 역사와 현재를 소개한

책자 먼저 살펴봐라. 관광객을 대상으로 한 내용이라 부족한 점이 있더라도 기본적인 지침은 될 것이다. 그것을 읽고 자세하게 알고 싶은 것이 있으면 거기서부터 알아가면 된다. 그 지역의 사람에게 물어보는 것도 좋다. 모르는 것은 그에 정통한 사람에게 물어보는 것이 최선이다.

무엇이든 의문이 생기거든 주저하지 말고 물어보고 알아보는 태도가 중요하다. 만일 군대에 관한 지식이 필요하다면 장교에게 물어보면 좋듯이 말이다. 대개는 자기 직업에 각별한 애착이 있음으로 바쁘지 않다면 거절하지 않을 것이다. 다만 그 사람이 자신의 소중한 시간을 내주는 것이니, 무엇을 질문하고 알아갈지 미리 정리해둬야 한다. 사전에 공부하고 모자란 것을 채우면 완벽한 지식이 되는 것이다.

스스로에게 질문하는 습관을 들여라

너는 지금까지 하루하루 충실하게 살아왔다고 생각하니? 종종 내가 이렇게 묻는 말에 대답하는 것보다 순간순간마다 네 스스로에게 질문해보는 것이 중요하다. 그렇다면 계속 그렇게 충실히 살아가면 될 일이고, 아닌 것 같다면 더 분발하면 될 일이다. 너 자신을 자주 일깨우고 행동하게 만들면 된다.

무엇을 하든 재능이 중요하다지만, 사실 내가 믿는 건 재능이 아니다. 자기 생각을 확실하게 갖고, 확고한 의지와 불굴의 끈기를 밀고 나가면 원하는 바를 달성하기 마련이다. 그러니 가능한 일이라고 생각되면 갖가지 방법과 수단으로 도전해라. 그러면 어떻게든 길이 열리는 법이다.

한 가지 방법으로 안 되면, 다른 방법으로 시도하여 알맞은

방법을 찾아내면 좋다. 역사를 거슬러 올라가 살펴보면, 강력한 의지와 끈기를 통해 마음먹은 대로 일을 성공한 사람이 꽤 많다는 것을 알 수 있다. 예를 들어, 불굴의 의지로 피레네 조약을 체결한 재상 돈 루이 드 알로가 그렇다. 그는 타고난 냉정함과 끈기로 불가능하리라 예상했던 교섭을 유리하게 이끌어냈다.

어느 사회든 겁쟁이는 좋아하지 않는다. 겁이 많고 자신이 없으면, 실제 자기 수준이 어떠하든지 간에 그보다 낮은 자리에 서게 된다. 무엇을 하든지 본인이 '할 수 없다'고 생각하면 할 수 없다. '할 수 있다'고 자기 자신을 타이르면 할 수 있게 되는 법이다. 유별나게 우수하지는 않아도, 쾌활한 성격과 적극적인 끈기로 출세한 사람을 너도 본 일이 있을 것이다. 그러한 사람은 배울 점이 무궁무진하다. 어떠한 어려움이 닥쳐도 좌절하는 일이 없다. 두 번, 세 번 넘어져도 다시 일어나 또 돌진한다. 그렇게 결국 자기가 세운 뜻을 이루어낸다. 너도 이 점을 본받으면 좋겠다. 너의 인격과 교양을 무기로 하여 밀고 나가면, 훨씬 빨리 그리고 확실히, 목표에 도달할 것이다.

기회는

그것을 볼 줄 아는 눈과

붙잡을 수 있는 의지를 가진 사람이 나타나기까지

잠자고 있는 것이다.

그것을 휘어잡을 만한

의지를 지닌 사람이 나타나면

그 귀중한 가능성을 드러내는 것이다.

- 로런스 굴드

너에게 주는 또 하나의 충고

이미 너는 사회인으로서의 첫발을 내디뎠다. 나는 네가 오직 너만의 방식으로 대성하기를 간절히 바라고 있다. 이 세계에서는 실천이 무엇보다 훌륭한 공부이다. 그러나 동시에 모든 것에 대한 배려와 집중이 필요하다. 편지 쓰는 일을 예로 들어 너를 위해 적은 이 기나긴 글의 총정리로 삼고 싶다. 사소한 것처럼 보일지 모르지만, 편지를 쓰는 것에는 사회인이 몸에 지녀야 할 상식적인 요소가 잘 집약돼 있다. 그러니 이 마지막 충고를 잘 듣고 마음에 새겨 따랐으면 한다.

한마디 말이라도 정성을 담아라

먼저, 비즈니스 편지를 쓸 때는 명석함이 중요하다. 세상에서 가장 머리가 우둔한 사람이 읽어도 뜻을 잘못 이해하거나, 몰라서 처음부터 다시 읽는 일이 없을 정도로 명확하게 써야 한다. 한마디로 정확성이 필요하다. 거기에 품위를 더하면 더할 나위 없다. 일적인 내용을 담은 글에는, 개인적인 대화를 하듯 은유나 비유, 대조법, 경구 등을 사용하는 것은 어울리지 않는다. 차라리 산뜻하고 품위 있게 정리되어 있고, 구석구석까지 배려가 미치는 표현이 바람직하다. 또 문장을 쓰고 난 후에 단락마다 제삼자의 눈으로 다시 읽어보며, 상대방이 다른 뜻으로 받아들일 대목은 없는지 점검해야 한다.

대명사나 지시명사에는 주의하는 것이 좋다. '그것', '이것', '본인' 등을 남발하면 오해가 있을 수 있다. 다소 길어지더라도 명백

히 상대의 이름을 호칭하고, 구체적으로 어떤 일을 이야기하고
자 하는지 명시하는 것이 좋다. 비즈니스 편지는 한마디 말이라
도 정성을 담아야 한다. 나를 낮출 필요는 없지만 상대를 높이는
경어를 사용하는 것이 좋다.

첫 머리말에 무슨 말을 하는지, 내용이 잘 정리돼 있는지, 마
지막에는 어떤 인사를 해야 하는지 등 세세한 것에서 그 사람의
인격이 드러나는 법이다. 하나하나가 모여 좋은 인상을 주기도
하고 나쁜 인상을 주기도 하는 것이다. 문자나 문체를 지나치게
장식하면 역효과가 난다. 간소하면서도 고상하며, 존중을 담는
것이 가장 좋다.

문장의 길이는 너무 길어도 안 되고 너무 짧아도 안 된다. 너

무 길면 핵심을 파악하기 어렵고 너무 짧으면 읽을 맛이 나지 않는다. 그러니 의미가 확실하게 전달될 정도의 길이가 바람직하다. 어쩌다 맞춤법이 틀리거나 오타가 있다면 그것도 비웃음을 사는 요인이다. 상대가 흠잡기 좋아하는 사람이라면 내용보다는 그것만 기억할지도 모른다.

모든 일에는 마무리가 중요한 법이다

그렇다고 한 자 한 자 긴장하면서 쓰라는 것은 아니다. 사회인은 빠르면서도 아름답게 쓸 수 있어야 한다. 그러기 위해서 필요한 것은 연습뿐이다. 이제부터 여러 가지로 고민하고, 생각해보며 네게 가장 최선인 방법을 찾아라.

당장 네가 대처해야 하는 일은 아직은 작은 것에 해당한다. 지금 작은 일부터 잘 마무리하는 습관을 몸에 익혀두는 것이 좋다. 머지않아 너에게도 파도처럼 커다란 일들이 닥쳐올 것이다. 그때가 돼도 잘 헤쳐 나갈 수 있도록, 휩쓸리지 않고 너만의 속도로 나아갈 수 있도록 지금부터 차근차근 준비하길 바란다. 내 사랑하는 아들아.

한 가지 생각을 선택하라.

그 생각을 네 삶으로 만들어라.

그걸 생각하고,

꿈꾸고,

그에 기반해서 살아가라.

그것으로 가득 채우고 살아가라.

- 비베카난다

아들아,
너는 인생을 이렇게 살아라

초판 발행   2021년 5월 18일

지은이   필립 체스터필드
옮긴이   유태진
펴낸곳   다른상상

등록번호   제399-2018-000014호
전화   031)840-5964
팩스   031)842-5964
전자우편   darunsangsang@naver.com

ISBN 979-11-90312-34-9 03190

독자 여러분의 책에 관한 아이디어나 원고 투고를 설레는 마음으로 기다리고 있습니다.
이메일로 간단한 개요와 취지, 연락처를 보내주세요. 독자님과 함께하겠습니다.